L'ENSEIGNEMENT
DU DROIT A LYON
AVANT 1875

PAR

E. CAILLEMER

*Doyen de la Faculté de Droit de Lyon,
Correspondant de l'Institut.*

LYON
ALEXANDRE REY, IMPRIMEUR DE L'ACADÉMIE
4, RUE GENTIL, 4

1900

OFFERT

à la Bibliothèque nationale

EN SOUVENIR
DU
VINGT-CINQVIÈME ANNIVERSAIRE
DE LA CRÉATION
DE LA
FACVLTÉ DE DROIT DE LYON

L'ENSEIGNEMENT

DU DROIT A LYON

AVANT 1875

Une Leçon de Droit au XIVᵉ Siècle
D'après un dessin colorié du manuscrit de la *Lectura Cyni super Codice* de la Bibliothèque de la Ville de Lyon.
(Catalogue général, nº 374.)

L'ENSEIGNEMENT
DU DROIT A LYON

AVANT 1875

PAR

E. CAILLEMER

*Doyen de la Faculté de Droit de Lyon,
Correspondant de l'Institut.*

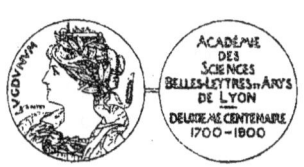

LYON

ALEXANDRE REY, IMPRIMEUR DE L'ACADÉMIE

4, RUE GENTIL, 4

—

1900

L'ENSEIGNEMENT
DU DROIT A LYON
AVANT 1875

Les origines de l'enseignement du Droit à Lyon sont entourées d'obscurités que l'on aura toujours peine à dissiper. Ce qui rend leur étude plus difficile encore, c'est que, bien involontairement, plusieurs historiens lyonnais ont mis en circulation des affirmations téméraires et même inexactes, que tous reproduisent aujourd'hui, sans les contrôler. Nous n'en citerons, en ce moment, qu'un seul exemple.

Guillaume Paradin de Cuyseaulx, Doyen de Beaujeu, dans ses *Mémoires de l'Histoire de Lyon* [1], cite « un arrest de la Court souveraine de Paris, donné l'an mil quatre cens et deux, regnant le Roy Charles sixiesme, par lequel il est dict que les habitans de Lyon, comme cité noble et excellente, auront povoir de tenir et avoir des docteurs regens en droit civil et canon, et autres, pour faire profession d'estudes et enseignement des arts et sciences libérales ». Cet arrêt, « contenu en un livre de parchemin couvert de rouge et appartenant à la Communauté de la Ville de Lyon »,

[1] Lyon, Antoine Gryphe, 1573, p. 20.

a été maintes fois invoqué comme une autorité incontestable. En 1764, dans une supplique adressée au contrôleur général des finances, les échevins déclarent que les Lyonnais « ont été maintenus dans le droit d'avoir un professeur en droit par arrêt solennel du Parlement rendu entre le Corps de ville et le Chapitre de Lyon, en 1402, sous le règne de Charles VI [1] ». Plus récemment, un de nos anciens élèves, alors inscrit à l'École des chartes, rappelait cet arrêt, qui reconnut aux habitants de Lyon le pouvoir de tenir et avoir des docteurs régents en droit civil et en droit canon [2]. M. Brouchoud seul était moins affirmatif; après avoir dit que « le dernier vestige de l'École de Droit de Lyon date du règne de Charles VI [3]», il avouait que « des recherches faites dans les registres du Parlement de Paris n'ont pu cependant faire découvrir l'arrêt de 1402 », et il se demandait si Paradin ne s'est pas trompé de date [4].

Oui, Paradin s'est trompé, et, pour s'en convaincre, il suffit de jeter les yeux sur le registre des actes consulaires publiés par notre regretté confrère M. Guigue. En 1402, sous le règne de Charles VI, Lyon n'avait plus d'École de Droit,

---

[1] Brouchoud, *Recherches sur l'Enseignement public du Droit à Lyon*, 1865, p. 20. *Cf.* Lazare Meyssonnier, *Histoire de l'Université de Lyon*, 1644, p. 18.

[2] M. Bellemain, *Lyon-Revue*, V, 1883, p. 118 ; voir encore M. l'abbé Forest, *l'École cathédrale de Lyon*, 1885, p. 21.

[3] *Loc. cit.*, p. 11.

[4] M. Vachez a retrouvé dans les papiers de Claudius Brouchoud la lettre par laquelle le comte de Laborde, directeur général des Archives de l'Empire, l'informait du résultat des recherches faites dans ce dépôt. Nous la publions ici, non seulement pour montrer avec quel soin scrupuleux M. Brouchoud préparait ses publications, mais encore pour empêcher, s'il se peut, le retour d'une erreur injustifiable : « Paris, le 24 mai 1864. A Monsieur Claudius Brouchoud, avocat, rue Impériale, n° 54, à Lyon. Monsieur, vous m'avez fait l'honneur de m'écrire pour me demander expédition *d'un arrêt de la Cour souveraine de Paris, rendu l'an 1402, sous le règne de Charles VI, par lequel il est dit que les habitants de Lyon, comme*

et les nombreuses requêtes, que, en 1418 et dans les années suivantes, les Consuls adressaient aux représentants du pouvoir royal, tendaient précisément à obtenir pour Lyon « un parlement de droit escript et une estude d'Université[1] ». Il faut bien le dire, le *Studium generale* n'occupait qu'une place infime dans les desiderata des autorités municipales. Ce que les échevins demandaient avant tout, c'étaient des foires franches, un grenier à sel, des privilèges pour les drapiers, et, lorsqu'ils virent combien d'obstacles s'opposaient à l'érection d'une Université, ils cessèrent de la solliciter.

L'arrêt cité par Paradin n'a pas été rendu sous Charles VI, en 1402; il a été rendu sous Philippe le Bel, un siècle plus tôt, le 9 mai 1302. Étienne de Villeneuve l'a relaté sous le nº 19 de son Cartulaire, et nous y lisons en effet ces mots, littéralement traduits par le Doyen de Beaujeu : Les citoyens de Lyon jouiront du droit « *habendi in dicta civitate, utpote egregia, studium scolarium et regentium in jure civili et canonico, ad docendumque artes alias liberales...*[2] »

Nous pourrions citer d'autres exemples aussi probants d'erreurs devenues traditionnelles.

Écrire l'histoire d'un enseignement sur lequel nous avons

---

cité noble et excellente, auront pouvoir de tenir et avoir des docteurs régents en droit civil et canon et autres pour faire profession d'études et enseignements des arts et sciences libérales. On s'est immédiatement livré aux recherches nécessaires dans les diverses séries de nos dépôts où l'on pouvait avoir chance de trouver l'arrêt que vous désireriez consulter, notamment dans les minutes et registres du Parlement de Paris, pour l'année entière 1402, tant aux Lettres-Patentes qu'au Conseil et aux Plaidoiries. Je regrette d'avoir à vous annoncer que ces recherches, quoique faites avec beaucoup de soin, n'ont pu mettre sur la trace de l'arrêt dont il s'agit. Peut-être la date de 1402 n'est pas exacte. Recevez, Monsieur, l'assurance de ma considération distinguée. Le Directeur général des Archives de l'Empire, Comte de LABORDE. »

[1] Voir notamment la délibération du mardi 27 décembre 1418 (p. 144).
[2] *Cartulaire municipal de Lyon*, éd. Guigue, 1876, p. 29.

aujourd'hui si peu de documents est une tâche présentement irréalisable. Ce que l'on peut faire, c'est de réunir patiemment des matériaux. Les notes accumulées avec persévérance deviendront peut-être assez nombreuses pour que, plus tard, des fragments de cette histoire puissent être rédigés.

Les successeurs des anciens *doctores in utroque jure*, dont il s'agit de rappeler le souvenir, sont naturellement désignés pour faire cette laborieuse enquête.

§ 1.

La fameuse bulle d'or, par laquelle, en 1157, l'empereur Frédéric transmit à l'archevêque de Lyon Héraclius a plus grande partie des droits qu'il s'attribuait sur notre ville, fait allusion aux *doctores legum*, qui, dans l'antiquité, l'avaient illustrée : « *Sedes Lugdunensis, quæ, antiquis temporibus, ritu gentilium, primis flaminibus, vel primis legis doctoribus, ceteris civitatibus præeminebat*[1]. »

De ces *legis doctores*, qui enseignaient à l'époque païenne, nous ne connaissons ni les noms ni les œuvres.

Un médecin lyonnais, qui a eu quelque célébrité et dont une rue du quartier Grolée a porté le nom jusque dans ces derniers temps, Lazare Meyssonnier, a écrit, sans sourciller, que, « longtemps avant la venue de nostre Rédempteur », Lyon avait déjà une Université. Il avait lu dans Polybe qu'Annibal remonta le Rhône jusqu'à une île très peuplée (πολύοχλον), qui ne pouvait être, à son avis, que le confluent du Rhône et de la Saône, et l'affluence en ce lieu de la population voisine était pour lui l'indice d'une de ces Universités fameuses où la jeunesse arrive de toutes parts[2].

---

[1] Monfalcon, *Lugdunensis Historiæ Monumenta*, II, p. 122.
[2] *Histoire de l'Université de Lyon*, 1644, p. 2 et suiv.

En consacrant par le nom d'une rue le souvenir d'un pareil historien, la postérité a été plus indulgente que ne le furent ses contemporains. Nous avons trouvé et publié une lettre de Jacob Spon, écrite à l'abbé Nicaise, le 13 mai 1678, pour le remercier d'un livre qu'il lui avait envoyé. « Je ne say, dit-il, comment votre docteur a pu si bien réussir à ne rien dire qui vaille. Nous avons autrefois chassé de notre collège Lazare Meyssonnier pour avoir fait des livres de cette nature, que quelques esprits aussi obscurs que lui admirent[1]. »

On a plusieurs fois rencontré dans la vallée du Rhône des tombeaux élevés à la mémoire d'étudiants en droit. A Nîmes, en particulier, deux inscriptions conservent le souvenir de Q. Valerius Virillio, et de L. Bæbius, Euclès ou Tertius, qui sont l'un et l'autre qualifiés « *Iuris studiosus* ». Mais, à Lyon, dans la riche collection épigraphique du Palais Saint-Pierre, on chercherait vainement un tombeau de ce genre. On trouve bien un cippe en l'honneur du jeune Victor, *Augusti libertus*, *de Studentibus*[2] ; mais il s'agit d'un enfant de dix ans et demi, dont les études, comme celles du jeune Q. Acceptius Venustus, qui mourut, à dix ans, déjà brillant dans l'étude des belles-lettres, *florens ad studium liberalium litterarum*[3], devaient être seulement d'ordre primaire ou secondaire.

Il y eut certainement à Lyon, dès le IIIe siècle, une école municipale, dans laquelle professèrent des hommes distingués, tels que *Magister Titianus*, ancien précepteur de la maison impériale et auteur d'œuvres estimées[4]. Mais cette

---

[1] Bibliothèque Nationale, Fonds français, n° 9360, cote 115. Voir nos *Lettres à l'abbé Nicaise*, Lyon, 1885, p. xxx.

[2] Allmer, *Inscriptions antiques du Musée de Lyon*, n° 221, t. III, p. 81.

[3] Allmer, *eod. loc.*, n° 143, t. II, p. 356.

[4] Ausone, *Gratiarum Actio*, VII, § 31, édition Schenkl, 1883, p. 23, dit

école municipale n'était pas une école d'enseignement supérieur. Les plus jeunes élèves y apprenaient la grammaire, les plus âgés la rhétorique. De même que les fils des riches Gaulois qui voulaient acquérir une instruction plus élevée étaient obligés d'aller d'abord à Autun, puis à Toulouse ou à Bordeaux, de même les jeunes Lyonnais qui tenaient à dépasser le niveau de leur école municipale devaient aller étudier à Rome. Une inscription, malheureusement perdue, en l'honneur d'Aulus Vitellius Valerius, portait que ce jeune homme était « *in studiis Romæ defunctus*[1] ».

S'il en était ainsi au moment de la plus grande splendeur de notre ville, il en dut être de même, à plus forte raison, pendant les siècles durant lesquels la suprématie lyonnaise fut notablement affaiblie.

§ 2.

Vers la fin du ve siècle, dans le pays occupé par les Burgondes, quelques juristes furent consultés par des hommes d'affaires sur des questions de droit pendantes devant les tribunaux. Leurs réponses, retrouvées au xvie siècle par Loisel, furent publiées, en 1577, par Cujas, en tête de ses propres consultations, et elles figurent aujourd'hui dans presque tous les recueils de textes de droit romain édités *ad usum scolarum*.

Un de leurs derniers éditeurs, M. Huschke, pense que les auteurs de cet opuscule habitaient la capitale du royaume burgonde, c'est-à-dire Arles, qu'ils y formaient une sorte

---

que Titianus enseignait alternativement dans les écoles municipales de Besançon et de Lyon : « Municipalem Scholam apud Visontionem Lugdunumque variando. »

[1] Allmer, *Inscriptions antiques*, t. III, p. 88.

de collège, enseignant le droit et éclairant tous ceux qui recouraient à leurs lumières. « Auctores opusculi caput regni, hoc est Arelate, tenuisse, ibique, quasi collegio quodam sociatos, juris scholam habuisse et oracula consulentibus dedisse, suspicari licet[1]. »

Pourquoi Arles plutôt qu'une autre grande ville du royaume burgonde ? Lyon fut la résidence de prédilection du roi Gundobad, sous lequel furent rédigées les *Leges Burgundionum*. Ce roi vivait entouré de théologiens et de jurisconsultes, si bien que l'on peut, avec beaucoup de vraisemblance, substituer dans le texte de M. Huschke le nom de *Lugdunum* au nom d'*Arelate*. Hericus, écolâtre d'Auxerre, qui écrivait au ix° siècle, parlant précisément du v° siècle, dit que Lyon était alors un des plus grands centres d'études de la Gaule : « Ea tempestate, Lugdunensium civitas, prima ac præcipua Galliarum, professione quoque scientiæ artiumque disciplina, inter omnes extulerat caput. Ibi quas dicunt liberalium disciplinarum peritia, quasque ordine currere hoc tempore fabula tantum est, eo usque convaluit ut, quantum ad scholas, publicum appellaretur citramarini orbis gymnasium. Et... quisquis artium profitendarum afficeretur studio non ante professis inscribi merebatur, quam hinc, explorata diligentia, examinatus abiret[2]. »

---

[1] *Jurisprudentia Antejustinianea*, 4° édition, 1879, p. 800. Les derniers éditeurs de la *Consultatio veteris jurisconsulti* se bornent à dire qu'il est vraisemblable qu'elle a été écrite en France. Voir P.-L. Girard, *Textes de droit romain*, 2° éd., 1895, p. 543. *Cf.* Karlowa, *Römische Rechtsgeschichte*, I, 1885, p. 973 et suiv., et P. Krüger, *Histoire des sources du droit romain*, trad. Brissaud, 1894, p. 410.

[2] *De miraculis S. Germani*, lib. I, dans le *Recueil des Historiens des Gaules*, t. X, p. 363. M. Émile Chatelain vient de retrouver, dans le manuscrit n° 24 du Grand Séminaire d'Autun, un texte juridique, qui est probablement du v° siècle, et qui pourrait bien être un spécimen de la manière dont un professeur de droit glosait, devant les jeunes Gallo-Romains, les

§ 3.

Au moment où disparaissent en Gaule les écoles municipales, presque partout des écoles épiscopales surgissent à leur place. Les évêques, qui, au vi[e] siècle, sont, dans la plupart des cités importantes, les véritables détenteurs du pouvoir, prennent la direction de l'enseignement, et, dans quelques villes au moins, font au droit une part assez large.

L'Église de Lyon eut la bonne fortune, au temps de Charlemagne, de voir monter sur le siège archiépiscopal l'un des hommes les plus instruits de l'époque. Bibliothécaire de l'Empereur, l'archevêque Leidrade, aussitôt qu'il arriva dans notre ville, s'occupa de développer son école cathédrale, de l'enrichir de livres précieux, de lui donner des maîtres distingués.

Le plus éminent des professeurs, que Leidrade réunit dans ses écoles de lecteurs, est évidemment le diacre Florus. Nous avons de lui des poésies, un commentaire des Lettres de saint Paul, un livre sur la prédestination, une Histoire universelle, et beaucoup d'autres ouvrages qui montrent la variété et l'étendue de ses connaissances. Mais nous avons aussi la preuve qu'il était très familiarisé avec les recueils de droit civil et de droit canonique et qu'une argumentation juridique ne l'embarrassait pas. Il nous a laissé, en particulier, une très curieuse collection d'extraits de constitutions impériales relatives à la juridiction ecclésiastique :
« Hec a domno Floro, viro prudenti, collecta sunt ex lege

Commentaires de Gaius. Voir *Fragments de droit antéjustinien tirés d'un palimpseste d'Autun*, dans la *Revue de Philologie*, 1899, p. 169 et suiv. *Cf.* Th. Mommsen, *le Palimpseste d'Autun*, dans le *Journal des Savants*, 1899, p. 488 et suiv., et P. Krüger, *Collectio Librorum juris antejustinianei*, 4e éd., I, 1900, p. xl à lxvii, et canone. » Florus a commenté ces extraits de façon à en former un acte d'accusation très sévère contre un évêque qui témoignait plus de faveur aux tribunaux séculiers qu'aux tribunaux ecclésiastiques. Nous n'insistons pas, parce que nous avons, en 1882[1], publié ces extraits et ces commentaires, et essayé de démontrer que l'adversaire de Florus n'était rien moins que l'un des *Missi dominici* de Charlemagne, l'évêque d'Autun, Moduin, contre lequel existait déjà un poème assez violent du professeur lyonnais. Évidemment, dans une école dirigée par Florus, une place était faite à l'enseignement du droit.

Nulle part les manuscrits du Code Théodosien n'ont été plus nombreux qu'à Lyon. C'est dans notre ville que, au xvie siècle, Cujas et Lemire ont trouvé les exemplaires les plus anciens et les plus précieux[2]. C'est à Lyon, suivant toute vraisemblance, qu'a été formé le recueil des constitutions impériales aujourd'hui désignées sous le nom du P. Sirmond, leur premier éditeur, et dans lesquelles Florus a si largement puisé pour sa lutte contre Moduin. C'est à Lyon, de l'aveu des meilleurs juges, qu'a été composé l'un des résumés les plus intéressants du Bréviaire d'Alaric, celui que nous désignons sous le nom d'*Epitome Lugdunensis*.

---

[1] *Mémoires de l'Académie de Lyon*, t. XXI ; voir notre dissertation ayant pour titre *Florus et Moduin, Épisode de l'histoire de Lyon au* ixe *siècle*, Lyon, 1882, 31 pages.

[2] Cujas, dans la préface de son Code Théodosien, édité à Lyon, chez Guillaume Rouville, en 1566, témoigne une gratitude particulière pour un prêtre perpétuel de l'Église de Lyon, Étienne Charpin, arrière-grand-oncle de notre ancien confrère à l'Académie de Lyon, M. le comte de Charpin-Feugerolles. Étienne Charpin avait, en effet, retrouvé à Lyon et communiqué à Cujas plusieurs livres du Code de Théodose : « Primam gratiam habeo a Stephano Charpino, homini mire studioso et erudito et probo, a quo inventi et proditi sunt hi libri VI, VII, VIII. » — Sur Étienne Charpin et sur sa bibliothèque, voir une lettre de son petit-neveu, dans Léopold Niepce, *les Bibliothèques anciennes et modernes de Lyon*, p. 571 à 576.

C'est pour les besoins de l'École de Lyon que Leidrade a fait écrire par ses moines de l'Ile-Barbe tant de beaux livres que l'on admire encore dans la Bibliothèque de Lyon, et beaucoup d'autres qui ont péri ou que l'on retrouve dans des bibliothèques étrangères[1].

Au xe siècle, les écoles de Lyon sont encore florissantes. Dans sa vie de S. Maïeul, abbé de Cluny, le bénédictin Syrus, qui avait été son élève, nous dit que Maïeul avait étudié à Lyon, sous la direction d'Antoine, de l'Ile-Barbe : « Hæc civitas omnes excellebat sibi propinquas tam religione virtutum quam studio liberalium artium. »

On y transcrivait encore les textes les plus importants pour l'étude du droit. C'est au xe siècle que Pardessus et Hænel rapportent notre *Codex Lugdunensis* du Bréviaire d'Alaric, « splendidum integri Breviarii exemplum, quod nitore literarum excellebat et marginis latitudine[2] ». C'est du xe et peut-être même du xie siècle qu'il faut dater un manuscrit lyonnais, très original, de la *Lex salica emendata*, manuscrit dans lequel on trouve le texte vulgaire de la loi, accompagné d'un *index* tout à fait exceptionnel, se rapprochant des *indices* des manuscrits de Leyde et de Modène[3].

---

[1] Voir nos *Notices et Extraits de Manuscrits de la Bibliothèque de Lyon*, 1881, p. 28 et s. — Plusieurs historiens lyonnais aiment à proclamer que la dispersion de ces anciens manuscrits est imputable à la Révolution. Ils feraient bien de ne pas perdre de vue un texte antérieur à 1789. Les Bénédictins, dans leur *Recueil des Historiens des Gaules*, t. X, p. 364, après avoir fait l'éloge de Lyon, ajoutent : « Lugduni profecto etiam nunc vigent scientiæ et artes ; quanquam mutata ibi non nihil tempora videbuntur forsan cuilibet attendenti varia hic collapsa monasteria aut seculari veste donata, et mss. codices a Canonicis, quos Comites vocant, proh dolor ! licitos. » Ainsi les chanoines-comtes faisaient commerce des manuscrits de la cathédrale! Voilà pourquoi les jésuites avant 1763, et, après eux, Meermann, ont possédé des *Codices Lugdunenses*...

[2] Hænel, *Lex Romana Wisigothorum*, Lipsiæ, 1848, p. XLVIII.

[3] Nous avons décrit ce manuscrit dans nos *Notices et Extraits de Manuscrits de la Bibliothèque de Lyon*, 1881, p. 30 et suiv.

§ 4.

Avec le xiii° siècle, les témoignages vont être plus nombreux et plus précis.

Lorsque, peu de temps après son élévation au trône pontifical, Innocent IV, devenu l'ennemi irréconciliable de l'empereur d'Allemagne Frédéric II, vint chercher un asile à Lyon [1], il établit presque aussitôt, soit dans le cloître de Saint-Just qu'il habitait, soit à proximité du cloître, un *Studium generale*. Nicolas de Calvi, *Nicolaus de Curbio*, son contemporain, nous le dit expressément : « Ut de plenitudine gratis gaudeant universi, secundo anno sui pontificatus, apud Lugdunum, in sua curia, generale studium ordinavit, tam de theologia quam de decretis, decretalibus pariter et legibus, ad eruditionem videlicet rudium et incrementum sapientiæ sapientum, cum audiens sapiens sapientior semper fiat [2]. » C'est la première fois que l'on rencontre, dans l'histoire de la Chancellerie pontificale, ce titre devenu plus tard classique pour désigner une Université : *Studium generale* [3].

L'érection du *Studium* de Lyon doit, d'après Nicolas de Calvi, avoir eu lieu du 24 juin 1244 au 24 juin 1245, et même, pour préciser davantage, du 2 décembre 1244, date de l'arrivée d'Innocent IV à Lyon, au 24 juin 1245.

La bulle de fondation, dont on ne trouve aucune trace dans les registres d'Innocent IV, nous a été partiellement conservée dans les Recueils de droit canonique [4] et, plus

---

[1] Paul Fournier, *le Royaume d'Arles et de Vienne*, 1891, p. 169 et suiv.
[2] Chap. xvi, dans les *Miscellanea* de Baluze, éd. 1761, t. I, p. 198.
[3] En fait, l'expression était déjà en usage ; voir les textes cités par le P. Denifle, *die Universitæten des Mittelalters*, I, 1885, p. 2 et suiv.
[4] *Sextus Decretalium Liber*, c. 2, de *Privilegiis*, 5, 7.

complètement, dans un manuscrit de Grenoble[1]. Mais, ni dans le Sexte, ni dans le manuscrit grenoblois, il n'est parlé de Lyon, et la date était indéterminée, si bien que le dernier éditeur du *Corpus juris canonici*, M. Friedberg, se bornait encore, en 1881, à dater la décrétale d'Innocent IV de 1243 à 1253[2]. En rapprochant le texte officiel du témoignage de Nicolas de Calvi, il n'y a pas de doute possible ; c'est à Lyon que le *Studium generale* de la Curie pontificale a été établi, pour donner satisfaction aux besoins de tous ceux qui se groupaient à Lyon autour du Saint-Siège, et l'érection de ce *Studium generale* a eu lieu pendant la deuxième année du pontificat d'Innocent IV[3].

Il nous paraît utile, à raison de l'importance historique de la bulle d'Innocent IV, d'en publier ici le texte, non pas mutilé, comme il l'est dans le *Liber sextus Decretalium*, mais tel qu'il nous a été conservé dans le manuscrit de Grenoble.

« Quum de diversis mundi partibus multi confluant ad Sedem apostolicam quasi matrem, nos, ad communem tam ipsorum quam aliorum omnium apud Sedem commorantium commodum et profectum paterna sollicitudine intendentes, ut sit eis mora hujusmodi fructuosa, providimus quod ibidem de cetero regatur studium litterarum, quatinus inter alia ipsius beneficia quibus reficiuntur assidue ipsius scientiæ suæ uberibus spiritualiter satientur. Unde, cum tam in theologiæ facultate, quam in utroque jure canonico et civili, certis

---

[1] Schulte, *Iter Gallicum*, 1868, p. 382.
[2] *Corpus juris canonici*, II, p. 1083.
[3] Voir H. Denifle, *die Universitæten des Mittelalters*, I, 1885, p. 302 et s. — Par une erreur inexplicable, M. de Lagrevol attribue, non pas à Innocent IV (Sinibaldo Fieschi), mais à Clément IV (Guy-le-Gros Fulcodi), la fondation du *Studium* de Lyon. L'erreur vient d'être reproduite par M. Georges Vallet, *l'Ancienne Faculté de Droit de Lyon, ses origines, son histoire*, 1900, p. 8.

ad hoc statutis scholis, ordinarie ibi doceatur, volumus et statuimus ut studentes in scholis ipsis penes Sedem eandem talibus privilegiis omnino, libertatibus et immunitatibus sint muniti, quibus gaudent studentes in scholis ubi generale regitur studium, percipientes integre proventus suos ecclesiasticos, sicut alii. »

Le *Studium generale*, fondé à Lyon par Innocent IV, était bien un *Studium* pour la Curie romaine[1]; ce n'était pas un établissement d'enseignement supérieur pour la ville. Sur ce point il n'y a pas de doute possible. Mais est-il téméraire de supposer que des Lyonnais désireux d'étudier le droit furent autorisés à suivre les cours que les docteurs, *in Curia legentes*, professaient dans l'enceinte du cloître de Saint-Just et peut-être même en dehors du cloître ?

Ce *Studium* ne fut pas seulement, comme on l'a cru pendant longtemps sur la foi du texte conservé dans les Décrétales de Boniface VIII, une École de droit, école comprenant d'ailleurs le droit civil et le droit canonique, *Studium juris divini et humani, canonici videlicet et civilis*. C'était aussi, le texte original le prouve et son témoignage est confirmé par Nicolas de Calvi et par plusieurs documents ultérieurs, une École de théologie : « Tam in theologiæ facultate quam in utroque jure canonico et civili, certis ad hoc statutis scholis, ordinarie ibi docetur. » Mais les professeurs de droit devaient être relativement plus nombreux que les professeurs de théologie.

Si l'on en juge par le xive siècle, il y avait, chiffre respectable ! six professeurs de droit *in romana Curia legentes ;* deux expliquaient le droit civil, deux le *Decretum* et deux les Décrétales[2].

---

[1] Marcel Fournier, *Statuts et Privilèges des Universités françaises*, II, 1891, p. 733.
[2] H. Denifle, *die Universitæten des Mittelalters*, I, p. 306, note 345.

Plusieurs des professeurs qui enseignèrent le droit civil dans le *Studium* de la Curie au xiii° siècle nous sont connus. Nous citerons entre autres Dinus de Mugello, Bindus de Sienne, Comes de Urbeveteri, Johannes Meruguliesi[1]. Mais aucun de ces légistes n'était en âge d'enseigner à l'époque où la Cour pontificale résidait à Lyon[2].

Le 19 avril 1251, Innocent IV quitta Lyon pour retourner en Italie. Avec lui partit le *Studium generale* de la Curie, que l'on retrouve ensuite à Rome. Il est vraisemblable que les Lyonnais, déjà habitués à s'initier à la science du droit sans s'éloigner de leurs familles, s'efforcèrent d'instituer à Lyon un certain nombre de cours.

§ 5.

Savigny, dans son *Histoire du droit romain*, appelait l'attention des érudits sur une sentence arbitrale, mentionnée par l'abbé de Launoy, et dont il n'avait pas pu retrouver le texte. Cette sentence lui paraissait de la plus haute impor-

---

[1] H. Denifle, *loc. cit.*, p. 305 et s.
[2] Confiants dans l'autorité de M. de Lagrevol, M. Paul Rougier, *Aperçu historique sur l'enseignement du droit à Lyon*, 1874, p. 13, et M. Georges Vallet, *l'Ancienne Faculté de droit de Lyon*, 1900, p. 8, ont écrit que le fameux canoniste, Henri de Suze, enseigna le droit dans le *Studium generale* de Lyon. La vie de cet illustre personnage est bien connue, et, à l'époque de la fondation du *Studium* de la Curie, il ne pouvait plus être professeur dans notre ville. En 1244, il était déjà évêque de Sisteron, et, six ans plus tard, en 1250, il fut nommé archevêque d'Embrun. C'est à Paris, avant son élévation à l'épiscopat, qu'Henri de Suze a enseigné le droit canonique, et, par conséquent, c'est à l'Université de Paris qu'il convient de le rattacher. L'affirmation de M. de Lagrevol et de M. Vallet que Guillaume Durand, bien connu sous le nom de *Speculator*, suivit les cours de Henri de Suze, nous paraît également erronée. Guillaume, né à Puymisson, vers 1230, n'a pas pu être l'élève d'un professeur devenu évêque en 1241. Il appelle Henri son maître : « Dominus meus Henricus... » **Mais il s'agit de la maîtrise par les œuvres et non par l'enseignement oral.**

tance pour la démonstration de l'existence d'une école de droit à Lyon en 1290, puisqu'elle avait eu pour objet de mettre fin à une contestation entre l'archevêque et le Chapitre de Lyon, qui se disputaient le droit d'autoriser les docteurs à enseigner à Lyon le droit civil et le droit canonique[1]. Nous avons eu sous les yeux de nombreuses transcriptions, manuscrites ou imprimées[2], de la bulle pontificale du 23 mars 1292, par laquelle le Souverain Pontife, Nicolas IV, promulgua la sentence des arbitres qu'il avait lui-même désignés[3], et il nous est facile de combler la lacune signalée par Savigny. Il y aura à Lyon, disent les arbitres, cinq professeurs de droit : deux enseigneront le droit civil et seront nommés l'un par l'archevêque, l'autre par le Chapitre ; deux enseigneront les décrétales et leur nomination se fera en suivant la même règle ; le cinquième enseignera le *Decretum* et devra être nommé de l'accord des deux parties. Le nombre des professeurs pourra s'accroître, mais à la condition que l'archevêque et le Chapitre consentent tous les deux à l'augmentation. Les professeurs devront tous être originaires *de citramontanis partibus*, à moins que l'archevêque et le Chapitre ne s'entendent pour appeler des Italiens. Provisoirement, et abstraction faite de la règle établie, Nicolas de Billens, docteur en droit civil, est auto-

---

[1] *Geschichte des römischen Rechts*, 2ᵉ éd., III, 1834, p. 408.

[2] Manuscrits de la Bibliothèque de Lyon, n° 1262, f. 7 et s. *(Catalogue général*, n° 1388, p. 369) ; Ménestrier, *Preuves de l'Histoire consulaire*, p. xvi, col. 1, et *Tractatus de bellis et induciis*, p. 28, colonne 2, à la suite de *l'Histoire consulaire*. La *Compositio* a même été imprimée à part, sans date ; nous avons vu, dans le fonds Coste de la Bibliothèque de Lyon, n° 1542, un exemplaire de cette édition, mais il est actuellement introuvable. Le texte de la *Compositio* existe d'ailleurs aux Archives du Rhône, Fonds du Chapitre, armoire Abram, III, n° 6. Voir Bonnassieux, *De la réunion de Lyon à la France*, 1875, p. 29, note 2, et notre discours sur *le Pape Honorius III et le Droit civil*, 1880, p. 29 et s.

[3] La sentence arbitrale est du 11 ou du 12 septembre 1290.

risé à enseigner à Lyon et il pourra y professer aussi longtemps qu'il le voudra...

Il y eut donc à Lyon, à la fin du XIII° siècle, un *Studium juris* régulièrement organisé et reconnu par l'autorité pontificale.

Quel lien peut-on établir entre le *Studium* de la Curie, le *Studium generale*, qui siégea à Lyon de 1244 à 1251, et l'École de droit de 1290 ? Nous avons la certitude qu'il y eut, dans l'intervalle, des professeurs enseignant avec un titre plus ou moins officiel. Un procès-verbal, dressé par un notaire nommé Guillaume Benoît de Balon, et dont l'original a été conservé, suffit pour le démontrer [1].

Un archidiacre de Beaune, justiciable de l'évêque d'Autun, Geoffroy de Mailliat, *Gaufridus de Mailliaco, archidiaconus Belnensis, in Ecclesia Eduense*, avait ouvert un cours de droit canonique dans une maison située rue Raisin[2] et appartenant à André d'Albon. Le 31 octobre 1285[3], il était installé dans sa chaire, en face d'un auditoire composé d'étudiants, de clercs et même de docteurs en droit civil, auquel il expliquait tranquillement les décrétales, lorsque deux chapelains de l'Église de Lyon, assistés d'un notaire apostolique, se présentèrent à lui et lui donnèrent solennellement lecture de la pièce suivante :

« Le Doyen et le Chapitre de l'Église primatiale de Lyon, ayant appris que vous, Geoffroy de Mailliat, archidiacre de Beaune, vous aviez l'intention d'enseigner en cette ville, vous ont adressé une lettre, pleine de courtoisie et de bien-

---

[1] Ce procès-verbal a été publié par M. Guigue, dans l'appendice au *Cartulaire municipal d'Étienne de Villeneuve*, 1876, n° 6, p. 409 et s.

[2] Actuellement rue Jean-de-Tournes.

[3] M. Guigue date la pièce du 1ᵉʳ novembre ; mais le 1ᵉʳ novembre était un jour férié, tout rempli par des exercices religieux. Au lieu de lire, avec M. Guigue : « 1° Kalend. novembris », le premier jour des Kalendes de novembre, il suffit de lire : « Pridie Kalend. novembris ».

veillance, pour vous défendre de donner à Lyon, sans leur consentement, des leçons d'une science quelle qu'elle soit. Une vieille et sage coutume, approuvée par tout le monde, exige, en effet, que ceux qui veulent professer dans ladite ville obtiennent d'eux une licence. Sans leur assentiment, ou tout au moins sans l'autorisation de celui des bénéficiers de l'Église qu'ils ont mis à la tête des Écoles, nul ne peut enseigner quoi que ce soit dans la ville de Lyon. Telle est d'ailleurs la règle dans beaucoup d'autres Églises collégiales et cathédrales et dans la plupart des villes. Non contents de vous avoir écrit, le Doyen et le Chapitre vous ont, de vive voix, humblement et poliment prié de vous conformer à l'usage. Et, cependant, vous vous êtes obstiné dans votre mauvaise résolution ; vous avez donné suite à votre déplorable idée ; au lieu d'y renoncer, vous êtes monté en chaire contrairement à leur volonté ; vous lisez et vous expliquez, dans la ville de Lyon, le livre des Décrétales.

« En conséquence, le Doyen et le Chapitre, s'armant des droits et du pouvoir qu'ils ont et qu'ils doivent avoir d'être seuls à accorder la licence d'enseigner dans la cité et dans l'Église de Lyon, vous font défense expresse de continuer vos leçons.

« Et nous, chanoines perpétuels de l'Église de Lyon, mandataires spéciaux du Doyen et du Chapitre, agissant en leur nom, nous vous enjoignons expressément de ne plus rien enseigner à l'avenir et de vous abstenir de toute leçon jusqu'à ce que vous ayez obtenu l'approbation du Doyen et du Chapitre, ou celle du maître des Écoles. »

Cette communication fut écoutée en silence par Geoffroy de Mailliat et par ses élèves. Le rédacteur du procès-verbal constate lui-même que l'attitude des écoliers et des auditeurs fut pacifique : « Facto silentio et ipso domino G. ac etiam scolaribus et auditoribus suis pacifice audientibus... »

A côté de Geoffroy de Mailliat, qui enseignait de son autorité privée, il y avait certainement dans la ville de Lyon d'autres professeurs de droit, qui avaient sollicité de l'archevêque ou du Chapitre la *licentia docendi*. Si les demandes d'autorisation avaient été très exceptionnelles, comment cette *discordia*, dont parle Nicolas IV, aurait-elle pu prendre naissance? C'est parce que les sollicitations étaient fréquentes et que, chaque fois, l'on disputait pour savoir à qui de l'archevêque ou du Chapitre appartenait le droit de permettre les lectures sur le droit civil et sur le droit canonique, que le conflit arriva à un tel degré d'acuité qu'il fallut l'intervention du Souverain Pontife pour y mettre un terme.

Et, cependant, alors que, à partir de 1290, on rencontre presque chaque année dans les chartes des noms de professeurs de droit, nous ne pouvons guère, pour la période antérieure, nommer, après Geoffroy de Mailliat, que Nicolas de Billens et Antoine du Chatel, que nous retrouverons plus tard.

Il y avait pourtant, vers cette époque, à Lyon, des jurisconsultes de premier ordre, des hommes dont le nom a mérité d'être inséré dans l'Histoire du Droit Romain au moyen âge. Pour n'en citer qu'un seul, nous avons trouvé, dans plus de cinquante chartes lyonnaises, datées de 1268 à 1287, un personnage périodiquement appelé aux fonctions d'official de la Cour de Lyon, Jean de Blanot, *Joannes de Blanosco*[1]. Ce

---

[1] Nous ne reproduirons pas ici ce que nous avons précédemment écrit sur Jean de Blanot. Voir *Lyon-Revue*, t. X, 1886, p. 84 à 93, et t. XII, 1887, p. 22 et suivantes. Nous ferons seulement remarquer que les opinions de ce vieux jurisconsulte n'ont pas été sans influence sur le développement de certaines parties du droit. Pour s'en convaincre, il suffit de lire quelques pages d'une dissertation récente de M. Woldemar Engelmann, *Die Schuldlehre der Postglossatoren und ihre Fortentwickelung*, Leipzig, 1895 ; voir notamment p. 144 et suiv., et p. 190 et suiv.

Jean de Blanot est évidemment l'ancien professeur de Bologne, l'auteur de livres bien connus et plusieurs fois imprimés, comme le *Libellus super titulum de actionibus*. Or, Jean de Blanot était avant tout professeur, si bien professeur, que, devenu, par la faveur du duc de Bourgogne, grand fonctionnaire politique et seigneur d'Uxelles en Mâconnais, il aimait à sceller ses actes d'un sceau sur lequel il était figuré dans l'exercice de ses fonctions magistrales. Nous reproduisons ici, d'après l'original conservé aux Archives nationales, le petit monument qui représente *Johannes de Blanosco, dominus Ussellarum*, dans sa chaire de professeur, expliquant à ses élèves quelque texte du *Corpus juris civilis*.  Est-il vraisemblable que, pendant les longues années qu'il a passées à Lyon, Jean de Blanot soit resté étranger à l'enseignement [1] ?

Et Henri de Sartines, un autre juriste, qui fut aussi official de la Cour de Lyon et dont la bibliothèque nous est

---

[1] Dans un acte du 17 mai 1272, que le P. Denifle et M. Chatelain ont publié dans le *Chartularium Universitatis Parisiensis*, t. I, n° 442, p. 50, on trouve, parmi les maîtres en décret qui enseignaient à Paris, un Johannes de Blanesco. Les éditeurs sont enclins à l'identifier avec notre jurisconsulte, et nous croyons que l'identification est justifiée. De 1268, époque où il fut temporairement official de Gérard de la Roche, évêque d'Autun, administrateur du diocèse de Lyon, jusqu'à 1274, date de la nomination à l'archevêché d'Aymar de Roussillon, nous ne trouvons pas à Lyon trace de Jean de Blanot. D'un autre côté, c'est précisément en 1272 que le seigneur d'Uxelles a scellé un acte d'un sceau le représentant dans une chaire de professeur. — Un arrêt de 1312, conservé dans les *Olim*, t. III, 2, p. 719 et s., a été rendu à la suite d'une enquête faite à Mâcon par « Magister Johannes de Blanasco, et Guillelmus, rector Ecclesiæ sancti Petri Matisconensis ». Le Jean de Blanot de 1312 est-il notre jurisconsulte? Une réponse affirmative est, à la rigueur, possible. Voir cependant Alphonse Rivier, *Revue de Législation*, 1874, p. 662.

connue par le catalogue qui en fut dressé à sa mort, n'était-ce pas aussi un professeur ? Cette bibliothèque était véritablement remarquable pour l'époque, puisqu'elle était presque aussi riche en livres de droit que la Bibliothèque du Saint-Siège.

Quoi qu'il en soit pour le temps qui précéda la transaction de 1290, à dater de ce jour, pendant la fin du XIIIe siècle et la majeure partie du XIVe, on rencontre à Lyon beaucoup de professeurs de droit.

§ 6.

Nicolas de Billens eut, nous l'avons dit, l'honneur d'être imposé, en 1290, par les arbitres pontificaux, au choix du Chapitre : « Statuimus, volumus et ordinamus quod dictum Capitulum Nicolao de Billens, doctori legum, det et concedat licentiam legendi et docendi in civitate lugdunensi, quotiens et quandiu legere et docere voluerit in civitate prædicta. » La faveur dont ce professeur fut l'objet ne doit pas nous surprendre ; c'était, si l'on en juge par le nombre et l'importance des documents dans lesquels il figure, un homme politique influent à son époque[1]. En janvier 1285, il est chargé de liquider l'apanage de Louis de Savoie, au moment où ce prince va épouser Jeanne de Montfort, veuve de Guy VI, comte de Forez[2]. De 1286 à 1289, on le rencontre avec le titre de juge du Forez, *Judex Forensis*[3].

---

[1] La Mure, *Histoire des Ducs de Bourbon*, I, p. 290, dit que ce « jurisconsulte, fameux en son temps », était issu « d'une noble maison de la Savoie ».
[2] La Mure, *Histoire des Ducs de Bourbon*, I, p. 289.
[3] Il avait succédé, en 1286, dans la charge de juge ordinaire du comté de Forez, à Pierre de Coligny, et il eut pour successeur, en 1289, Henri d'Essartines, probablement l'Henri de Sartines dont nous avons parlé plus haut. Voir La Mure, *Histoire des Ducs de Bourbon*, I, p. 290, 312, 313, et III*, p. 254, note 10.

Le 14 février 1286, il est, conjointement avec l'évêque d'Aoste, *Nicolaus de Bessatoribus*, l'abbé de Savigny, Étienne, et Rodolphe, seigneur d'Entremont, arbitre des différends existant entre Amédée V, comte de Savoie, et son frère Louis, relativement aux successions de leur père, de leur mère et de leurs oncles Pierre et Philippe, comtes de Savoie. La sentence fut rendue à Lyon, dans l'Église de la maison du Temple, et Nicolas de Billens y prit expressément la qualité de *Legum professor* : « Dominus Nicholaus de Billenco, legum professor [1]... ». Faut-il en conclure qu'il enseignait déjà à Lyon? L'année suivante, le 8 juillet 1287, Nicolas de Billens, *Legum professor*, est témoin d'un compromis par lequel Amédée, comte de Savoie, d'une part, et, d'autre part, Humbert, dauphin de Viennois, Amédée, comte de Genevois, et Béatrix, dame de Faucigny, nomment des arbitres pour terminer leurs différends. L'acte est passé « apud Crisinciacum, Viennensis diocesis, in capella Crisinciaci [2] ». La même année, le 15 décembre 1287, Nicolas de Billens, *Legum professor*, figure dans un compromis entre le Chapitre de Lyon et l'évêque d'Autun relativement à la régale. Le 25 janvier 1294 (n. s.), *Dominus Nicholaus de Billens*, sans prendre alors le titre de *Legum professor*, est témoin de l'hommage prêté par Amédée, comte de Genevois, ès mains d'Édouard de Savoie, pour les fiefs qu'il tient du comte Amédée, père dudit Édouard. L'acte est passé à Montmélian [3]. Encore en 1294, il est chargé de la rédaction du testament de Sibille de Baugé, comtesse de Savoie, et il reçoit mandat de veiller à son exécution [4], etc., etc.

---

[1] Voir *Historiæ patriæ Monumenta, Chartarum* t. I, p. 1571 ; *cf.* p. 1581.
[2] *Chartes inédites relatives à l'histoire de Genève*, 1862, n° 360, p. 422.
[3] *Chartes inédites relatives à l'histoire de Genève*, n° 372, p. 440.
[4] La Mure, **Histoire des Ducs de Bourbon**, I, p. 312 et 313.

Antoine du Chatel, *miles ac legum professor*. Le 14 janvier 1286 (n. s.), *Dominus Anthonius de Castello, legum professor*, est, à Lyon, dans l'Église de la maison du Temple, témoin de la sentence arbitrale rendue par Nichod ou Nicolas de Billens, et autres, sur les différends existant entre Amédée V, comte de Savoie, et son frère Louis, relativement à diverses successions[1]. Le 19 juin 1293, il est encore témoin à Lyon, dans la maison du Temple, d'une sentence du lieutenant du gardiateur de Lyon, confirmant les habitants dans le droit de faire réparer les portes et les murs de la ville et défendant aux gens de l'archevêque et aux chanoines de se mêler des affaires temporelles de ladite ville : « Testibus presentibus domino Antonio de Castello, milite ac legum professore[2]... ».

M. Claudius Brouchoud cite[3], d'après le grand inventaire des Archives de la ville[4], un acte d'appellation au Saint-Siège, daté de 1295, dont une expédition sur parchemin, délivrée par André de Kadrellis[5], existait encore au xviiie siècle. Il en résulte que les syndics de la ville avaient chargé Humbert de Vaux, Barthélemy de Jo, docteur ès lois, et le frère Barthélemy de Momelat, religieux de l'abbaye d'Ainay, de l'enseignement du droit civil et du droit canonique dans les écoles publiques de Lyon. Hugues Brun, vicaire général de l'archevêque et official, fit défense à ces trois professeurs de commencer leurs cours avant d'en avoir obtenu de lui l'autorisation ; il défendit, en même temps, aux étudiants d'as-

---

[1] *Monumenta Historiæ patriæ, Chartarum* t. I, p. 1581.
[2] *Cartulaire d'Étienne de Villeneuve*, supplément, n° 9, p. 416.
[3] *Recherches sur l'Enseignement public du Droit à Lyon*, Lyon, 1865, p. 8 et s.
[4] I, 63.
[5] La signature de ce notaire est bien connue ; elle a été reproduite par M. Guigue dans le *Cartulaire d'Étienne de Villeneuve*, p. 436.

sister à leurs leçons. Le procureur de la ville, Jean Albi[1], appela de cette décision de l'official au Souverain Pontife, en prétendant qu'elle était contraire aux privilèges de la cité lyonnaise, celle-ci étant libre et les citoyens ayant toujours eu la jouissance et l'exercice du droit d'octroyer à tous docteurs et lecteurs la permission d'enseigner. On ignore quelle fut la solution donnée à cet appel par le Saint-Siège.

Humbert de Vaux, « Humbertus de Vallibus, legum venerabilis professor ». Le 4 février 1298 (n. s.), il est nommé conseiller, *procurator, sindicus et nuncius universitatis civium Lugdunensium*, pour l'année 1298[2]. Le 14 octobre 1300, il est élu aux mêmes fonctions pour l'année 1301, et, cette fois, son nom figure au premier rang de la liste des élus[3]. Il figure toujours avec son titre de *Legum professor*, dans plusieurs actes du *Cartulaire municipal*, datés de juillet 1300[4], du 23 février 1309[5], du 9 juin 1320[6]. L'influence considérable qu'il exerçait dans la ville est attestée, non seulement par le titre de Conseiller de l'Archevêque, que Pierre de Savoie lui donne, le 3 avril 1320[7], mais encore par le rôle de médiateur, de patron, qui lui est attribué dans les circonstances délicates, lorsqu'il y a quelques difficultés entre les agents royaux et les citoyens. En 1320, Humbert de Vaux et Anselme de Durchy, « *Legum professores* », figurent en tête de la liste des citoyens qui prêtent le serment prescrit par le traité du 4 avril 1320[8]. Le 18 juin 1320,

---

[1] « Johannes Albi, clericus, procurator seu sindicus universitatis civium Lugdunensium... » *Cartulaire d'Étienne de Villeneuve*, acte du 14 août 1297, p. 109.
[2] *Eod. loc.*, n° 13, p. 424.
[3] *Eod. loc.*, n° 15, p. 434.
[4] *Eod. loc.*, n° 14, p. 430.
[5] *Eod. loc.*, n° 80, p. 130.
[6] *Eod. loc.*, n° 45, p. 84.
[7] *Eod. loc.*, n° 71, p. 113.
[8] De Valous, *Lyon-Revue*, 1883, I, p. 325.

Humbert de Vaux apparaît encore et le procès-verbal le qualifie « *Venerabilis et discretus vir Dominus Humbertus de Vallibus, legum professor*[1] ».

Anselme de Durchy, *Anselmus de Durchia*. Au mois de juillet 1300, il est, comme Humbert de Vaux, qualifié « Discretus vir Dominus Anselmus de Durchia, legum professor », et figure comme témoin dans un acte[2]. Le 14 octobre 1300, il est, toujours avec Humbert de Vaux, et immédiatement après lui, élu Conseiller pour l'année 1301[3]. Le 23 février 1309, il est, encore avec Humbert de Vaux, témoin d'un acte relatif au vieux Pont de Pierre et à son « arc mervillous [4] ». On le retrouve enfin, le 9 juin 1320, inséparable d'Humbert de Vaux, et avec le même qualificatif de *Legum professor*, dans l'acte par lequel le Chapitre abandonne à l'Archevêque tout ce qui lui reste de juridiction à Lyon[5].

Raoul de Varey, *Radulphus de Varey*, « Legum professor, miles in Ecclesia Lugdunensi », n'apparaît qu'une seule fois, en juillet 1300, dans un acte de citation, en Cour de Rome, des citoyens de Lyon, d'une part, de l'archevêque et du

---

[1] *Cartulaire municipal*, n° 44, p. 72.
[2] *Eod. loc.*, n° 14, p. 430.
[3] *Eod. loc.*, n° 15, p. 434.
[4] *Eod. loc.*, n° 80, p. 132.
[5] *Eod. loc.*, n° 45, p. 84. Nous avons retrouvé le nom d'Anselme de Durchy dans un acte qui est certainement de beaucoup postérieur à son décès. En 1367, Amphélise de Chaponay, veuve d'Anselme de Durchy, en son vivant professeur de droit, « Domina Amphelissia de Chaponay, relicta domini Anselmi de Durchia, legum quondam professoris », fonde un certain nombre de messes et services religieux dans l'abbaye d'Ainay, où reposent plusieurs membres de sa famille et où elle désire être elle-même inhumée. Voir Manuscrits de la Bibliothèque de Lyon, Fonds Coste, n° 2563, et *Catalogue général*, n° 247, p. 666. Voir aussi V. de Valous, *Famille de Chaponay*, 1882, p. 10. L'official qui présida à la rédaction de l'acte était « Durandus de Fontibus, utriusque juris doctor, canonicus Ebroïcensis et officialis Lugdunensis ».

Chapitre, d'autre part, pour la terminaison de leurs différends[1].

Le 23 septembre 1300, Barthélemy de la Rivière, *Bartholomeus de Ripperia* ou *Ripparia*, « Legum professor, miles in ecclesia Lugduni », figure comme arbitre d'un différend entre les obéanciers et le curé de Saint-Jean-de-Bonnefond[2]. Le père Bullioud dit que ce professeur était originaire de Néronde en Forez, et que, en 1302, il fut tout à la fois professeur de droit et official[3].

Ainsi, pour la fin du xiiie siècle, on peut affirmer à Lyon la présence de professeurs de droit, honorés et estimés, jouant un rôle actif dans les affaires qui intéressent la cité.

Les témoignages sont plus explicites encore pour la première partie du xive siècle.

En 1302, les citoyens de Lyon exposent au Parlement de Paris qu'ils sont en possession du droit d'avoir dans leur illustre ville *Studium scolarium et regentium in jure civili et canonico*, et qu'ils sont troublés dans la jouissance de ce droit par l'archevêque et par le Chapitre. Plusieurs fois ajournés pour fournir des explications, l'archevêque et le Chapitre font toujours défaut: *adjornati contumaces semper fuerunt*. Le Parlement juge, par arrêt du 9 mai 1302, que les citoyens doivent jouir de tous les droits qu'ils ont allégués et de chacun d'eux en particulier: « Per jus decernimus dictos cives ...omnium et singulorum jurium predictorum gaudere debere ». Voilà bien, cette fois, officiellement constatée l'existence d'une École municipale, dans laquelle on enseignait, non seulement le droit civil et canonique, mais encore les autres arts libéraux, *ad docendumque artes alias liberales*.

---

[1] *Cartulaire municipal*, n° 14, p. 430.
[2] *Cartulaire lyonnais*, t. II, p. 585.
[3] *De Claris Lugdunensibus*, ms. de la Bibliothèque de Lyon, n° 950, p. 21.

C'est cet arrêt du 9 mai 1302, en tête duquel est écrit le nom de *Philippus, Dei gratia Francorum rex*, que les historiens lyonnais se sont obstinés à attribuer au roi Charles VI, et à dater de 1402, rendant par là presque insolubles les difficultés que présente déjà l'exposé rationnel des phases de l'enseignement du droit à Lyon.

Cet enseignement était encore florissant en 1328 ; des lettres patentes de Philippe de Valois en fournissent la preuve. Les citoyens de Lyon s'étaient plaints au Roi de ce que l'archevêque et le Chapitre essayaient d'imposer une obligation nouvelle aux docteurs et bacheliers, soit en droit civil, soit en droit canonique, qui voulaient enseigner dans ladite ville. Avant d'autoriser ces bacheliers et ces docteurs à monter en chaire, l'archevêque et le Chapitre exigeaient d'eux le serment que, pendant toute la durée de leur professorat, ils ne donneraient aucune consultation défavorable aux prétentions des autorités religieuses. Exigence préjudiciable à la Royauté et à la République, nuisible à l'enseignement et par cela même à l'intérêt général, attentatoire à la liberté des docteurs et des bacheliers ! Le 6 mai 1328, Philippe VI ordonne au bailli de Mâcon, à son lieutenant et aux autres officiers de la justice royale, de contraindre l'Archevêque et le Chapitre à se désister de leurs exigences et à annuler tous les engagements qui auraient été pris[1].

§ 7.

Les professeurs de droit dont nous avons rencontré les noms pendant le xive siècle à Lyon sont assez nombreux ; mais ils se répartissent très inégalement entre les deux

---

[1] *Cartulaire municipal d'Étienne de Villeneuve*, p. 87; Marcel Fournier, *Statuts et Privilèges des Universités*, II, n° 1563, p. 734.

moitiés du siècle. Nous citerons, par ordre de dates, indépendamment d'Humbert de Vaux, d'Anselme de Durchy ou de Dorches, et de Barthélemy de la Rivière, *Bartholomeus de Riparia*, que nous avons déjà rencontrés :

Jean d'Autun, *Joannes de Edua ;* il figure dans des actes de juillet[1] et d'août 1303, avec les titres de *Legum professor, judex curie secularis Lugdunensis*[2].

Barthélemy de Joux, *Bartholomeus de Jo*. Il prend toujours le titre d'*utriusque juris professor*, dans les actes où il figure, soit en 1308, comme juge de la Cour de Beaujeu[3], soit en 1309 et en 1310, comme official de la Cour de Lyon[4].

Jean de Saint-Hilaire, professeur ès lois, d'après un acte de 1313, que le P. Bullioud a consulté, mais que nous n'avons pas retrouvé.

Gui Cailli, dont le nom figure dans un très grand nombre d'actes de 1318 à 1337[5]. On a conservé le procès-verbal de sa prestation de serment comme professeur de droit. En voici le texte :

« Juramentum Guidonis Cally, legum doctoris, legentis in civitate Lugdunensi : Anno Domini M° CCC° XVIII°, die

---

[1] Voir Cl. Brouchoud, *Histoire du couvent des Grands Carmes de Lyon*, dans *Revue du Lyonnais*, octobre 1888, p. 233.

[2] *Cartulaires d'Ainay*, I, p. 452. — Guillaume de Montlezun, « Guillelmus de Monte Lauduno », qui enseigna le droit canonique à Toulouse, à Paris et à Poitiers, et qui mourut abbé de Neuf-Moutiers ou Mousticrneuf, le 2 janvier 1343 *(Gallia Christiana*, II, 1270; *Histoire littéraire de la France*, XXIV, p. 362 ; Schulte, *Geschichte der Quellen des canonischen Rechts*, t. II, p. 197). A-t-il été professeur à Lyon ? On constate bien sa présence dans notre ville, en 1305, lors du couronnement du Pape Clément V (Baluze, *Vitæ Pap. Avenion.*, I, p. 808). Mais était-il venu à Lyon, en spectateur, pour assister aux fêtes, et professait-il dans une autre ville? Les témoignages nous font défaut pour résoudre cette question.

[3] Voir Archives du Rhône, titres de Beaujeu, n° 928.

[4] *Cartulaires d'Ainay*, t. I, p. 134, 209, 376; *Cartulaire municipal d'Étienne de Villeneuve*, p. 130, 443, 444.

[5] On le trouve au moins vingt-deux fois, de 1333 à 1337, dans les actes que contient le Grand Cartulaire d'Ainay.

veneris post festum omnium sanctorum, Dominus Guido Cally, doctor legum, legens in civitate Lugdunensi, juravit ad sancta Dei Evangelia esse fidelis Ecclesiæ Lugdunensi et personis et canonicis Ecclesiæ Lugdunensis[1]. »

Au titre de *Legum professor*, qu'il porta régulièrement, Gui Cailly ajoutait habituellement quelque autre titre rappelant les fonctions ou les dignités dont il a été successivement investi. De 1333 à 1337, il fut official de la Cour de Lyon sous l'archiépiscopat de Guillaume de Sure ; il se dit « Canonicus Cabilonensis ». Mais, dans l'obituaire de l'Église de Lyon, qui célébrait l'anniversaire de sa mort le 1er juillet, il est qualifié « Canonicus Sancti Justi, miles in Ecclesia Lugdunensi ». Ses dispositions testamentaires sont conservées dans cet obituaire.

Martinus de Buella, « Legum professor[2], » en 1323.

Hugues Lyatard, « venerabilis et discretus dominus Hugo Lyatardi, legum professor », figure, comme témoin, dans un acte du 25 octobre 1334[3]. Il fut enterré dans l'église des Jacobins de Lyon[4].

Barthélemy de Montbrison, « Bartholomeus de Montebrisone, legum professor ». On le trouve à côté d'Hugues Lyatard, dans l'acte du 25 octobre 1334[5].

---

[1] *Statuta Lugdunensis Ecclesiæ*, Archives du Rhône, fonds du Chapitre métropolitain, armoire Aaron, vol. xxxv, n° 1, p. 180. *Cf.* Lazare Meyssonnier, *Histoire de l'Université de Lyon*, 1644, p. 18.

[2] Lucien Bégule, *Cathédrale de Lyon*, p. 9, note 44. Martinus de Buella avait précédemment été professeur et juge à la Cour du seigneur de Beaujeu. Voir *infra*, § 8.

[3] *Cartulaire municipal*, n° 78, p. 129.

[4] Voir Le Laboureur, *les Masures de l'Ile-Barbe*, p. 533 et 534. Notons toutefois que, dans la *Liste des Sépultures de la paroisse Saint-Nizier*, que M. Georges Guigue vient de publier, on trouve mentionnée, à la date du 13 août 1347, « Sepultura presbiteri domini Hugonis Lytardi »; Lyon, 1899, p. 42. Est-ce le même personnage?

[5] *Cartulaire municipal*, n° 78, p. 129. En 1746, un recueil des « Privilèges et Lettres patentes octroyés aux habitants de Lyon par les Rois

Chabert Hugon, « Chabertus Hugonis », official de la Cour de Lyon pendant les années 1338 et 1339; il se dit alors obéancier de Saint-Just, *obedientiarius Sancti Justi*[1]. En 1342 et 1343, il ajoute à ses titres d'obéancier et d'official celui de professeur de droit[2].

Guichard Galien, *Guichardus Galiani, legum doctor, legum professor*. Henri de Villars, le 14 juillet 1343, le charge de juger un procès curieux, intéressant pour l'histoire de l'usure et des substitutions fidéicommissaires[3].

Gérard du Curtil, « Discretus vir dominus Girardus de Curtili, juris utriusque professor et Parisiensis canonicus ac miles in Ecclesia Lugdunensi ». Gérard du Curtil mourut le 2 septembre 1358. Il légua à la fabrique de l'Église de Lyon cent écus d'or, et à l'Église elle-même cent florins d'or, dont les revenus annuels devaient être consacrés à la célébration d'un service anniversaire pour le repos de son âme et de celles de ses parents et de ses bienfaiteurs. Cette fondation fut transférée à l'obédiencerie de Millery[4].

§ 8.

Il ne faut pas s'étonner de rencontrer, vers la même date,

---

et le Seigneur Archevêque » a été imprimé à Lyon, chez Aimé Delaroche (in-4°, 44 pages, avec *Traduction abrégée du titre ci-devant*, 17 pages), d'après un *vidimus* du 14 décembre 1336, dressé sous la surveillance de « Bartholomæus de Montebruzone, legum doctor, legum professor, locum tenens nobilis et potentis viri domini Philippi, domini de Chanvireyo, militis domini nostri Regis, baillivi Matisconensis ».

[1] Manuscrits de la Bibliothèque de Lyon, n° 1256, f° 130 ; *Cartulaires d'Ainay*, I, p. 68, 141, 204, 217, 219, 397, 615, 635, 637.

[2] *Cartulaires d'Ainay*, I, p. 499, 539, etc. Chabert Hugon vivait encore en 1349 et en 1350; *eod. loc.*, I., p. 296, 412, 644.

[3] *Cartulaire municipal*, n° 129, p. 324 et suiv.

[4] Guigue, *Obituarium Lugdunensis Ecclesiæ*, 1867, p. 106 et suiv. Dans un acte du 19 juillet 1345, Gérard du Curtil est qualifié « *Legum doctor* »; *Cartulaire municipal*, p. 330.

dans une ville de l'importance de Lyon, un aussi grand nombre de professeurs de droit. Au xiv⁰ siècle, en 1371, à Bologne, il y avait au moins dix-neuf professeurs rétribués par la ville, sans compter le professeur de notariat *(Ars notariatus)* et tous les professeurs qui n'émargeaient pas au budget municipal [1]. Quelques années plus tard, en 1388, il y avait dans la même ville trente-neuf professeurs de droit, toujours non compris les professeurs de notariat, et, de ces trente-neuf professeurs, vingt-sept enseignaient le droit civil et douze le droit canonique [2]. Il va de soi qu'il n'y avait pas autant d'enseignements différents que de professeurs. Ainsi, en 1371, dans le tableau du personnel payé par la municipalité de Bologne, on trouve, pour le droit civil, six professeurs expliquant le Code, trois l'Infortiat, trois le Volumen; pour le droit canonique, trois professeurs expliquant les Décrétales, deux le Decretum, deux le Sexte et les Clémentines. Le nombre des maîtres Lyonnais fut beaucoup plus limité.

Lyon n'avait pas, d'ailleurs, dans notre région, le monopole de l'enseignement du droit. Vers la fin du xiii⁰ siècle et au commencement du xiv⁰, on trouve, à la Cour des seigneurs de Beaujeu, un assez grand nombre de juges, qui prennent habituellement dans les actes le titre de *Juris professor*. Voici quelques noms recueillis, au hasard, dans les titres de Beaujeu, aux Archives du Rhône. 1° Du mois d'août 1292 au mois de mars 1296, Conrad de Concoregio, *Conradus de Cocorezo, Conrardus de Concorrezo, juris professor, judex et ballivus Curiæ Domini Bellijoci*[3]. Issu d'une famille milanaise bien connue [4], Conrad de Concoregio avait,

[1] H. Denifle, *Die Universitæten des Mittelalters bis 1400*, t. I (1885), p. 208, note 566.
[2] H. Denifle, *loc. cit.*, p. 209.
[3] Cotes 318, 354, 1189.
[4] Argelati, *Bibliotheca Scriptorum Mediolanensium*, 1745, t. I, 2ᵉ partie, p. 451 et suiv., t. II, p. 2371, et *in fine*, p. 30.

paraît-il, exercé, dans son pays d'origine, de hautes fonctions : « Nunquam excidet ejus prudentiæ laus e posteritatis memoria, eumque recensebunt jure merito inter patriæ legislatores hujus metropolis cives, propter ab illo, cum aliis, anno MCCLXXII, statuta plura condita et publicata[1] ». — 2° En 1299, « Humbertus de Tresforcio, legum professor, judex Curiæ Domini Bellijoci[2] ». — 3° En 1308, « Bartholomeus de Io, *utriusque juris professor, judex Curiæ Bellijoci*[3] ». — 4° En 1316, « Martinus de Buella, *legum professor, judex Curiæ Domini Bellijoci*[4] ». — 5° En 1332 et en 1333, « Petrus de Moncellis, *Legum professor, judex Curiæ Domini Bellijoci*[5] », etc. En voyant à Beaujeu tous ces *Juris professores*, on serait tenté de croire que les seigneurs de Beaujeu avaient établi chez eux une petite École de droit, analogue aux Écoles dont on a signalé l'existence dans beaucoup de villes du Midi[6].

La même observation pourrait être faite pour le Forez. Nous citerons seulement quelques noms, relevés, encore un peu au hasard, dans l'histoire du Comté de Forez : 1° En 1324, Jean des Alleux, « Johannes de Allodiis, Legum professor[7] ». — 2° En 1327, Pierre Calvi, « Petrus Calvi, Legum professor », juge ordinaire du Comté de Forez[8]. — 3° De 1325 à 1339, Mathieu de Boisvair, professeur ès Lois, « vir venerabilis et discretus Dominus Matheus de Bosco

---

[1] Argelati, *loc. cit.*, I, 2, p. 450 et suiv.
[2] Cote 1368.
[3] Cote 928.
[4] Cote 651.
[5] Cotes 318 et 464.
[6] Voir notre Mémoire sur l'*Enseignement du Droit civil en France vers la fin du XIII° siècle*, dans la *Nouvelle Revue historique du Droit*, III, 1879, p. 606 et s.
[7] La Mure, *Histoire des Ducs de Bourbon*, III, p. 106.
[8] La Mure, *eod. loc.*, III, p. 106, et III*, p. 254, note 10.

vario, Legum *ou* Legis professor[1] ». — 4° De 1331 à 1366, Michel Gorse, professeur ès Lois, chatelain de Montbrison, « Discretus vir, Dominus Michaël Gorsa, Legum professor[2] ». — 5° En 1340, Jean du Puy, « Johannes Podius *ou* Podii, Decanus Montisbrisonis, Legum professor[3] ». — 6° De 1357 à 1363, Pierre du Vernet, « Petrus de Verneto, Legum professor », dont le tombeau existe encore dans l'Église Notre-Dame de Montbrison[4]. — 7° En 1369, Jean du Gros, professeur ès Lois[5] ; etc.

§ 9.

En 1363, le 3 février, l'Archevêque de Lyon et le Chapitre, dans une lettre au Souverain Pontife Urbain V, exposent qu'il est de tradition à Lyon qu'un frère de l'Ordre des Prêcheurs, désigné par son Ordre, enseigne la théologie *in loco honorabili et solenni cathedra*, et que les leçons de ce professeur soient suivies, non seulement par les clercs de l'Église cathédrale, mais encore par ceux de toute la Ville. Frère Jacques de Morey, qui depuis longtemps est chargé de cette mission d'enseignement, s'en acquitte de telle façon qu'il jouit d'une estime particulière, non seulement parmi les membres du clergé, mais encore dans la population civile. Pour créer à ce maître éminent de nouveaux titres, il conviendrait de lui permettre d'aller, pendant quelque temps, enseigner à Paris dans les Écoles des Frères Prêcheurs, lors

---

[1] La Mure, *loc. cit.*, I, p. 332, 345, 355, 365, 371, 392 ; III, p. 86, 92, 99, 392 ; III*, p. 106 à 108, 266, etc.
[2] Guigue, *de l'Origine de la signature*, 1863, p. 54 ; La Mure, *loc. cit.*, I, p. 397, note 1, et p. 452 ; III, p. 92.
[3] *Cartulaire d'Ainay*, I, n° 125, p. 264.
[4] La Mure, *loc. cit.*, III, p. 92, 105, note 1, 116, 121, 122.
[5] La Mure, *loc. cit.*, III*, p. 254, note 9.

même que, pour arriver à ce but, il faudrait aller à l'encontre des règlements adoptés par les maîtres parisiens. Le 26 février suivant, à Avignon, l'autorisation fut accordée, sous réserve de l'approbation du maître général de l'Ordre [1]. Une bulle enjoignit même au Chancelier de l'Université de Paris de conférer à Jacques de Morey, après expérience faite de ses mérites, l'honneur de la maîtrise et l'autorisation d'enseigner [2].

L'existence, pendant le xive siècle, d'un cours de théologie dans le Cloître de Saint-Jean est attestée par plusieurs documents que M. Forest a réunis dans son étude sur l'École cathédrale de Lyon [3]. Tous confirment la déclaration contenue dans la lettre du 3 février 1363, que le professeur est fourni par l'Ordre des Frères Prêcheurs. Les statuts de 1337 disent : « Il y a un lecteur aux frais de l'Église, et ce lecteur est communément de l'Ordre des Frères Prêcheurs ; pour ladite lecture, le couvent des Frères reçoit chaque année la distribution afférente à un chanoine, et le lecteur cent sous pour s'acheter une chape ». M. Forest cite les noms de plusieurs de ces lecteurs présentés au Chapitre par le Provincial de France, et, entre autres, d'un certain *Petrus de Morologio* [4], auquel une gratification fut accordée parce qu'il était allé demander la maîtrise à l'Université de Toulouse.

En 1364, le Souverain Pontife Urbain V parle encore du « Studium generale » de Lyon. Par une bulle datée d'Avignon, le 12 décembre 1364, il recommande au Chancelier de

---

[1] Denifle et Chatelain, *Chartularium Universitatis Parisiensis*, t. III, 1894, n° 1271, p. 98.

[2] *Eod. loc.*, note. Jacques de Morey, né vers 1335, devint plus tard docteur en théologie, inquisiteur, enfin maître des Écoles du Palais apostolique d'Avignon. *Eod. loc.*, p. 379, et *passim*.

[3] Lyon, 1885, p. 238 et suiv.

[4] *Loc. cit.*, et p. 369 et suiv.

l'Église de Toulouse un frère mineur, Pierre Sabatier, *Petrus Sabaterii, professor in generali Studio Lugdunensi* [1], qui, pendant plusieurs années, a enseigné avec éclat la théologie, et qui voudrait continuer cet enseignement à Toulouse. M. Marcel Fournier pense que Pierre Sabatier était simplement lecteur dans un couvent de Lyon [2], et qu'il n'y avait plus à Lyon de *Studium generale*. Mais alors comment justifier le titre exprès de « *professor in generali Studio Lugdunensi* », qu'Urbain V donne à ce théologien ? Comment expliquer la mention formelle d'une Faculté de théologie, dans laquelle Pierre Sabatier aurait pu obtenir l'honneur de la maîtrise ? « In theologica Facultate adeo profecerit, quod in ea honorem suscipere magisterii promeretur ».

Vers la fin du xive siècle, nous ne rencontrons plus qu'un seul professeur de droit, Pierre Burle, *Petrus Burle, legum doctor, judex Curiæ secularis Lugduni* [3], *judex temporalis jurisdictionis* [4], *judex terræ et castrorum domini Archiepiscopi* [5] (Philippe de Thurey). Impliqué dans un procès qui eut un grand retentissement à la fin du xive siècle, parce qu'il mettait aux prises le pouvoir royal et le pouvoir archiépiscopal dans la ville de Lyon, maître Pierre Burle, *magister Petrus Burle*, soutenait qu'il avait toujours été respectueux de l'autorité du roi de France, et, comme argument, il alléguait sa qualité de « *Legum professor* », et vingt-six années d'exercice des fonctions de juge royal, « per spatium viginti sex annorum, pro nobis (Karolo rege) judex fuerat [6] ». Le

---

[1] Marcel Fournier, *les Statuts et Privilèges des Universités françaises*, t. I, n° 664, p. 608.

[2] *Histoire de la science du droit en France*, t. III, 1892, p. 720, note.

[3] 5 juin 1388, *Cartulaire municipal*, p. 201.

[4] 5 octobre 1394, *Cartulaire municipal*, p. 238.

[5] 16 janvier 1400, *Cartulaire municipal*, p. 285.

[6] *Cartulaire municipal*, p. 254.

nom de Pierre Burle se trouve dans un grand nombre d'actes de 1385 à 1400 [1].

§ 10.

Précisément à l'époque où les professeurs de droit à Lyon deviennent de plus en plus rares, et finissent même par disparaître, le Chapitre organise des cours de droit dans les Écoles du Cloître. Il est probable que, pendant la période où l'École de droit municipale fut très florissante, les jeunes clercs profitèrent de l'enseignement qui y était donné. Mais, quand les cours publics devinrent irréguliers ou insuffisants, il fallut bien y suppléer ou en combler les lacunes, et c'est ce que firent les chanoines.

Un acte capitulaire du 16 janvier 1364 (n. s.) autorise Thomas Pignol, licencié en droit canonique, à enseigner les Décrétales dans les Écoles du réfectoire. A raison de l'importance de ses fonctions professorales, Pignol est exempté de la discipline rigoureuse qui règne dans le Cloître de Saint-Jean. Lors même qu'il n'aura pas assisté aux matines ainsi que le veulent les statuts, il pourra prendre part aux autres offices et entrer au chœur quand il lui plaira[2].

Trente-trois ans plus tard, le 12 novembre 1397, le Chapitre accorde à Pierre d'Aurillac, licencié ès lois, sur ses prière et requête, la permission de lire en droit civil dans les Écoles du Cloître de l'Église cathédrale. Le même jour, Jean Dupuy de Rochetaillée, l'ancien clergeon appelé à devenir l'un des plus grands dignitaires de la catholicité, et un moine, nommé Frère Rata, sont autorisés à faire des cours de droit canonique, soit au dedans, soit au dehors du

---

[1] 5 octobre 1385, *Cartulaire municipal*, p. 269 ; 15 juin 1390, *Cartulaire municipal*, p. 275, et les textes cités plus haut.
[2] Forest, *l'École cathédrale de Lyon*, p. 368; cf. p. 245.

Cloître, mais sous la condition toutefois qu'ils n'enseigneront pas dans les Écoles du Cloître[1].

§ 11.

Avec le xve siècle, tout disparaît. Il n'y a plus de *Studium*, plus d'École de Droit, plus de professeurs. On serait même tenté d'affirmer que ce n'est pas seulement l'enseignement supérieur qui s'est éclipsé, et qu'il n'y a plus à Lyon de maîtres en état de donner l'enseignement secondaire. Il ne faut pas exagérer la portée de certains témoignages; mais ils laissent pourtant une impression bien mauvaise.

Le 29 octobre 1409, Pierre Sorel, ancien clergeon de l'Église de Lyon, demande au Chapitre un secours qui lui permettra d'aller suivre des cours de grammaire, *audire grammaticalia*, dans les Écoles de Billom. Comme l'enfant a fait preuve d'heureuses dispositions dans les petites Écoles de Lyon, le Chapitre l'autorise à passer deux ans à Billom, et lui accorde une subvention de six florins par an. On a dit, mais la preuve n'en est pas faite, qu'il y avait alors à Billom une Université[2]. Cette petite ville offrait, au moins, aux étudiants des cours qu'ils ne trouvaient plus à Lyon.

Dès 1364, les clergeons avaient pour professeur de grammaire le reclus de Sainte-Marie-Madeleine, et on les voyait gravir la montée du Gourguillon pour aller entendre leur maître par le guichet de la recluserie[3].

Beaucoup d'autres faits analogues pourraient être cités.

---

[1] Forest, *l'École cathédrale de Lyon*, p. 190.

[2] Voir Fournier, *Histoire de la science du Droit en France*, III, 1892, p. 726.

[3] Forest, *l'École cathédrale de Lyon*, p. 207 et suiv. Cl. Bellièvre écrivait un peu plus tard : « Communément le Scolastique de l'Église est quelqu'un

Les préoccupations de la municipalité sont, pour la plupart, bien étrangères à l'enseignement. Quelques extraits des registres consulaires vont en fournir la preuve.

Le 19 décembre 1418, « les citiens consulz de la Ville de Lyon ont esté de conclusion que Jehan du Nièvre et Jehan Caille yront par devers monseigneur le Daulphin, s'iz vueillent, parmy leur payant leurs simples despens, et ce pour obtenir, s'ils peuent, deux feyres franches, le Parlement de droit escript, la confirmation des privilèges, la limictation de la seneschaussée, et ung granier à sel de Royaume et d'Empire[1] ». Il n'est pas question d'Université.

Le 27 décembre suivant, Jehan Caille signifie à ses collègues « qu'il a veu unes lettres closes envoyées par monseigneur de Cambray à maistre Girerd Machet, demeurant à Saint-Pol de Lion, contenant que monseigneur le Daulphin, lieutenant du Roy son père, est de volenté de mectre à Lion un Parlement de droit escript et une Estude d'Université, en requérans le dit Jehan Caille que lesdits messieurs les Consulz pour ce vueillent notablement envoyer audit monseigneur le Daulphin ; car il lui semble que ce sera ung bien à ceste cité qui le porra obtenir. Et de ce demande instrument. Ils ont esté d'acors que se missire Jehan Le Viste vuelt faire ledit voyage à XL s. tourn. pour ses despens, sans gaiges, qu'il le face, et yra avecques lui ou Jehan du Nièvre ou Estienne Oydel, pour leurs dispens et sans autres gaiges[2] ».

Le 30 décembre, il faut délibérer à nouveau. Jean Le Viste ne se contente pas de quarante sous par jour ; il

---

qui vix novit rudimenta... Ne luy est pas fort grand interest que nos enfans soient bien instruits ou non .. Préfère pour maistres d'escolle les plus offrans » *(Lugdunum priscum,* 1846, p. 33).

[1] *Registres consulaires de la Ville de Lyon,* t. I, 1882, p. 143.
[2] *Eod. loc.*, p. 144 et 145.

lui en faut quarante-cinq. Jean de Nièvre est moins exigeant : il se contentera de trente sous par jour, pour ses dépens, sans autres gages. Les consuls présents ont la main forcée; ils acceptent, mais sous la condition que Nizier Greysieu, qui n'assiste pas à la séance, ne fera pas d'objections.

« Nisies Greysieu veut bien que Jehan le Viste et Jehan du Nièvre soient députés vers le Dauphin, mais non mie pour si grans despens ; de Mandront s'est offert par pluseurs fois y aller à ses frais, et, au temps avenir, on porroit avoir blame de despendre argent, quand l'on treuve qui va pour néant[1] ».

On délibère de nouveau le 5 janvier 1419 (n. s.), et l'on conclut « que, le plus brief que faire se porra, messires Jehan le Viste et Jehan du Nièvre, esleuz pour aller par devers monseigneur le Daulphin, y aillent, et obtiennent de luy, comme lieutenant du Roy, deux feyres franches à Lyon, c'est assavoir l'une en yver, l'autre en esté ; item le Parlement de droit escript ; item un Estude général ; item la drapperie, c'est assavoir que les ovriers à faire draps viegnent demourer à Lion[2] ».

Les démarches relatives aux foires, que l'on avait mises en première ligne, furent partiellement couronnées de succès. Les Conseillers du Régent accordèrent les foires, sans toutefois les octroyer franches. Le premier mouvement des Consuls fut de ne pas accepter : « Ces foires ne seront point profitables à la ville si elles ne sont franches de toutes aydes ordinaires et extraordinaires ». Mais ils se ravisèrent bientôt et prirent les foires telles que le Conseil de Monseigneur le Daulphin les octroyait.

---

[1] *Registres consulaires*, I, p. 145.
[2] *Eod. loc.*, p. 146.

A maintes reprises, le 17 avril et le 6 novembre 1419, le 15 janvier 1420, le 17 et le 19 février 1420, le Consulat revient à la charge pour un Parlement de droit écrit. Mais il n'est plus question d'Université. Toute l'attention des consuls est concentrée sur un grenier à sel. C'est ce grenier qu'il faut aller solliciter incontinent par devers Monseigneur le Dauphin, soit à Toulouse, soit en tout autre lieu.

L'Université est également laissée de côté, le 14 août 1421, dans une assemblée générale des consuls anciens et nouveaux, des maîtres des métiers et des personnes notables de la ville, que l'on invite à délibérer s'il serait bon et profitable à la ville d'avoir un Parlement à prix réduit, « pour petite despense ».

Le vœu d'une Université ne réapparut que lorsque le Consulat chercha à intéresser le Chapitre au succès de ses négociations près de la Cour de France.

Ici, nous laissons parler, non plus les actes consulaires, mais les registres capitulaires : « Le 21 mars 1453 (n. s.), sur la requête déjà faite aux seigneurs capitulants par les Consuls de cette ville pour les démarches à entreprendre afin d'obtenir une Étude générale et Université dans cette cité de Lyon *(de impetrando Studium generale et Universitatem in hac Lugdunensi civitate)*, lesdits seigneurs ont député M. le Custode et M. le Prévôt pour traiter de la part du Chapitre avec lesdits Consuls ». Après divers pourparlers, le 21 avril 1453, le Chapitre remet au Procureur de la ville, qui part pour Paris, des lettres de créance près du Roi. Mais il est bien stipulé, dans ces lettres, que le Procureur ne pourra s'en servir que pour l'affaire de l'établissement de l'Université et Étude générale [1].

Les deux parties n'étant pas d'accord sur le but prin-

---

[1] Forest, *l'École cathédrale de Lyon*, 1885, p. 21.

cipal à atteindre, le Roi n'accorda ni Parlement ni Université.

Il ne semble même pas qu'il y ait eu à Lyon, pendant toute la durée du xve siècle, un seul professeur de droit. Pendant les dix années durant lesquelles il vécut attaché à l'Église collégiale de Saint-Paul, de 1419 au 12 juillet 1429, Jean Charlier, plus connu sous le nom de Gerson, n'enseigna certainement pas le droit canonique. S'il eut quelques élèves, ce furent de petits enfants auxquels il se bornait à enseigner le catéchisme. Les canonistes qu'il a formés, comme Nicolas de Clamanges, ont recueilli son enseignement à Paris, et non pas à Lyon.

Il faut aller, d'un seul bond, jusqu'à la fin du siècle, pour retrouver des professeurs, et quels professeurs ! Lorsque Charles VIII séjourna à Lyon en 1495, il daigna visiter Simon de Pharès, professeur d'astrologie judiciaire, qui avait formé une collection d'objets rares et de livres singuliers [1]. Dans une étude récente sur la Culture des lettres et les Établissements d'instruction à Lyon, M. Perrin nomme, sans citer aucune autorité, Jacques d'Amoncour comme professeur de droit canon, et Jean de Grès comme professeur de droit civil [2]. Nous savons bien peu de chose sur Jacques d'Amoncour [3]; mais nous sommes porté à croire que Jean de Grès est le même personnage que *Joannes a Gradibus*, qui a très souvent pris le titre d'*utriusque juris professor*.

---

[1] Monfalcon, *Histoire monumentale de la ville de Lyon*, I, p. 328; voir sur Simon de Pharès la *Nouvelle Biographie générale*, t. XXXIX, 1865, p. 816 et suiv.

[2] Discours prononcé à l'Académie de Lyon, le 24 mai 1892, p. 21.

[3] Le nom de Jacques d'Amoncour se trouve dans un acte très intéressant pour les historiens de la discipline religieuse au xvie siècle. Cet acte fait partie des manuscrits de la Bibliothèque de Lyon, Fonds Coste, n° 2774 (*Catalogue général*, n° 299, p. 697). A la requête de l'Abbesse de Saint-Pierre, l'Archevêque de Lyon François de Rohan et ses vicaires généraux avaient été excommuniés !!! Le 3 février 1511, sur l'ordre du Roy et de la

Au commencement du xvie siècle, il y eut à Lyon un éditeur d'une si grande activité, que l'on remplirait une bibliothèque entière, si l'on pouvait réunir tous les volumes sur lesquels son nom figure [1]. Quand il publie un livre français, par exemple la *Somme rurale* de Jehan Boutillier [2], il s'appelle Jehan des Degrés. Mais, le plus habituellement, il signe « Johannes de Gradibus », et se qualifie « Utriusque juris professor ».

Était-il Français, Suisse ou Italien ? Doit-on, comme le faisait M. Alphonse Rivier [3], le rattacher à Humbert des Degrés, d'Estavayer, sur le lac de Neufchatel, qui à plusieurs reprises, et notamment en 1482, a rempli les hautes fonctions de bailli de Vaud ? Était-il né, comme le disent Orlandi et Argelati, dans la petite commune de Gradi ou Agrate, aux portes de Milan, et doit-il figurer parmi les *Scriptores Mediolanenses ?* Avait-il été, comme l'affirme M. de la Bouralière [4], typographe en Italie, puis à Poitiers, où, en 1483, avec son parent « Stephanus de Gradibus », il imprima les *Casus longi Clementinarum* du Dr Hélias Regnier ? Consacra-t-il les loisirs de sa profession à l'étude du droit et prit-il quelque grade dans l'Université de Poitiers ? Ce qui est certain, c'est que, dès l'année 1501 [5], il est à Lyon, et qu'il

---

vénérable Cour de Parlement, et aussi avec l'agrément de l'abbesse, l'excommunication fut levée. L'un des vicaires généraux excommuniés était Jacques d'Amoncour, docteur en décret, chanoine et précenteur de l'Église de Lyon.

[1] Prosper Marchand, *Dictionnaire historique*, 1758, I, p. 209 et suiv., a publié une liste, qui paraît déjà longue, des ouvrages édités à Lyon par Jean des Degrés. Elle comprend une trentaine de volumes in-folio, mais elle est loin d'être complète.

[2] Éd. de 1503, Lyon, Jean Arnollet.

[3] *Revue de Législation*, 1873, p. 215.

[4] *L'Imprimerie et la Librairie à Poitiers pendant le* xvie *siècle*, Paris, 1900, p. 29.

[5] On a bien dit que Jean des Degrés était fixé à Lyon dès 1491, et, à l'appui de cette affirmation, on a cité une édition de la Chronique de l'ar-

fait imprimer, par « Nicolaus de Benedictis », les *Commentaires sur les Institutes* de « Johannes Faber ». Dès cette époque, il prend le titre de professeur : « Magister Johannes de Gradibus, egregius vir, professor utriusque juris ».

A dater de 1501, ses publications sont nombreuses. On peut citer, entre autres, le *Traité des servitudes* de Cæpolla, les *Décisions* de Guy Pape, les *Commentaires* de Balde, les *Consilia* ou *Consultations* d'Alexandre Tartagni, etc. Son titre de « Professor utriusque juris » reparaît presque chaque fois. Exceptionnellement, il se qualifie maître des requêtes : «Egregius vir magister Iohannes de Gradibus, utriusque juris professor magisterque requestarum illustrissimi Domini nostri Ludovici, Regis Francorum, Principis christianissimi ».

C'est à Lyon qu'il a fixé son domicile ; il le dit dans son édition de Cæpolla : « In nobili ac regia urbe Galliarum Lugdunensi. » Nous avons, dans nos archives municipales, la confirmation de son témoignage. Dans un rôle, dressé en 1507, des habitants de la ville de Lyon qui, en cas d'alerte, « en cas d'effroy », doivent prendre les armes pour la défense de la Cité, nous trouvons, « à la part devers le Royaume », c'est-à-dire sur la rive droite de la Saône, « maistre Jehan de Gradibus », incorporé dans « la sixième dixeine, qui suyvra et servira soubz la bannière que portera

chevêque Antonin de Florence, donnée à Bâle par Nicolas Kessler, le 10 février 1491, avec annotations et concordances rédigées « in Regia Urbe Lugdunensi » par « Magister Johannes de Gradibus, utriusque juris professor. Voir Marchand, *Dictionnaire historique*, 1758, p. 209. Mais M. de la Bouralière s'est récemment assuré que l'édition de Nicolas Kessler ne contient pas les corrections et commentaires de Jean des Degrès, et qu'on les trouve pour la première fois dans l'édition donnée à Lyon, en 1512, par Nicolas Wolff. Voir *l'Imprimerie et la Librairie à Poitiers*, 1900, p. 31. — Le premier témoignage certain de la présence à Lyon de Jean des Degrés est fourni par l'édition des Commentaires de Johannes Faber, publiée en 1501 par Nicolaus de Benedictis.

messire Françoys le Bourcier ». Dans un autre document municipal, dans le registre des Nommées pour 1516, « maistre Jehan de Gradibus, licencié en loix », est taxé à trente livres, et son adresse nous est donnée : il habitait rue Tramassac, à gauche du palais de Roanne, du côté de Fourvière [1].

Cet « utriusque juris professor » était donc un simple licencié en droit, et son enseignement n'avait certainement pas de caractère officiel [2].

§ 12.

Le XVIe siècle, qui fut vraiment le siècle de la renaissance des études juridiques en France, ne nous offre pas pour Lyon plus de documents que le XVe. Le P. Ménestrier, dans ses notes chronologiques, nous a conservé le texte d'une inscription tumulaire qui existait de son temps dans l'église de Saint-Paul, devant la chapelle du Crucifix. « Quod humanum erat virorum venerabilium dominorum Huberti Le Maistre, hujus Ecclesiæ canonici, ac hujus fratris Stephani, Jurium professoris, quorum hic 1532, mense Julio, ille vero 21 mensis Augusti 1550, feliciter in Deo obiere, hoc sub lapide in spem futuræ resurrectionis jacet [3] ». Nous ne savons rien du professorat en l'un et l'autre droit d'Étienne Le Maistre, mort en juillet 1532.

Des recherches faites dans l'histoire générale du XVIe siècle ne nous ont pas donné de résultats plus satisfaisants. Beaucoup de jurisconsultes éminents sont venus à Lyon, leur

---

[1] Voir M. de la Bouralière, *loc. cit.*, p. 36.
[2] M. Rivier, *Introduction historique au Droit romain*, 1881, p. 577, a prudemment écrit, à propos de Jean des Degrez, « professeur à Lyon ? ».
[3] Voir *Annuaire de la ville de Lyon pour 1841*, 2e partie, p. 8. Péricaud, qui reproduit inexactement l'inscription, date la mort d'Étienne du 21 août 1550.

présence y est attestée, ils y ont fait imprimer leurs livres ; mais ils n'y ont pas en général enseigné le droit, ou leur enseignement a été de courte durée et sans caractère officiel. Voici quelques exemples pris au hasard.

En 1512, lorsque les Suisses et les Vénitiens obligèrent l'armée française à évacuer Pavie, Philippe Decius, qui, depuis 1505, était professeur à l'Université de cette ville et qui avait maintes fois témoigné de ses sympathies pour la France, eut beaucoup à souffrir des violences des vainqueurs. Il se décida à quitter sa chaire et à venir se fixer dans notre pays. Après avoir traversé la Savoie, il se rendit à Gap, puis de Gap à Grenoble et enfin de Grenoble à Lyon. François de Boeza, qui a écrit sa vie, nous le montre porté en quelque sorte vers Lyon sur les épaules de ses élèves : « Quasi humeris scholasticorum Lugdunum usque delatus ». Philippe Decius avait alors près de soixante ans. Les témoignages de respect, de sympathie et d'affection, que tous lui prodiguaient, touchèrent profondément le vieillard ; il avouait lui-même que, peut-être, en Italie, il n'eût trouvé dans aucune ville pareil accueil : « Nescio an hoc in Italia mihi contigisset[1] ». Mais son séjour à Lyon ne se prolongea guère. Francois Ier le nomma tout à la fois professeur à l'Université de Valence et conseiller au Parlement de Grenoble. Il ne dut pas avoir le temps de faire beaucoup de leçons devant les jeunes Lyonnais.

Le séjour à Lyon d'Émile Ferret a laissé plus de traces. Domenico Ferreti, né à Castellofranco le 14 novembre 1489, s'était consacré de bonne heure à l'étude du droit, sous la direction de Philippe Decius ; dès l'âge de dix-neuf ans, il obtint le doctorat. Après avoir été professeur à Rome, puis secrétaire du pape Léon X et enfin secrétaire du marquis de

---

[1] Savigny, *Geschichte des römischen Rechts*, 2ᵉ éd., t. VI, p. 382.

Montferrat, il vint s'établir en France. En 1539, il habitait Lyon et y enseignait le droit à des disciples dont plusieurs lui firent grand honneur. L'un des plus illustres, Antoine de Govéa, se glorifie d'avoir été, pendant près de trois ans, son élève à Lyon : « Operam annos ferme tres Lugduni dedi Æmilio Ferretto, parenti alteri meo, jurisconsultorum memoriæ nostræ facile principi, cum ille, et respondendo et monendo, et aliquid interdum veluti prælegendo, satisfaceret studio nostro civilis disciplinæ. Neque ex eo tempore (annus autem hic [1545] est septimus) a libris jurisconsultorum longius unquam oculos dimovimus[1] ».

Une lettre qu'Émile Ferret adressa à Govéa, et qui est datée de Lyon, 1er mai 1543, nous autorise toutefois à penser que son enseignement n'était pas public et qu'il le réservait à quelques privilégiés. Il rappelle à Govéa que, par amour du repos et aussi parce que l'exiguïté de sa fortune ne lui permettait pas de subvenir à d'énormes dépenses, il s'est démis des grandes charges que le roi lui avait confiées, conseiller au Parlement de Paris, ambassadeur près de Charles-Quint en Espagne, en Afrique, en Italie. Il a fait preuve de bonne volonté en assistant encore à l'entrevue qui a eu lieu à Nice, en 1538, entre François Ier, Charles V et Paul III, entrevue au cours de laquelle a été conclue, le 18 juin, une trêve de dix ans entre le roi de France et l'empereur d'Autriche. Mais, la paix assurée, il a jugé ses services inutiles à l'État, et il s'est fixé à Lyon pour se consacrer aux lettres et au droit. C'est alors que Govéa s'est attaché à lui[2].

L'enseignement privé, par lequel Émile Ferret se préparait à l'enseignement public auquel les dernières années de

---

[1] *Goveani Opera*, éd. van Vaassen, 1766, p. 64.
[2] *Goveani Opera...*, p. XLV.

sa vie furent employées à Avignon, était dirigé dans un sens auquel les juristes ne s'étaient pas encore habitués. Il voulait qu'on commençât par exposer aux jeunes gens les éléments de la science du droit, au lieu de leur enseigner tout d'abord, jusque dans ses moindres détails, quelque sujet particulier. Il se rappelait, avec un amer souvenir, le temps où, jeune étudiant dans l'Université de Sienne, il avait dû suivre un cours approfondi sur l'usucapion, sans avoir la moindre notion générale du droit, impuissant, par conséquent, malgré toute son attention, à bien comprendre les leçons de son maître. Il désirait aussi soustraire l'enseignement à la manie traditionnelle de laisser de côté les textes pour ne songer qu'aux commentateurs, si bien que les professeurs, au lieu de remonter aux sources pour en chercher le sens, accumulaient dans leurs leçons citations sur citations. Enfin, le style et les expressions barbares, les *barbaræ voces* des interprètes des derniers siècles, révoltaient son bon goût. Pourquoi perpétuer l'*insolentia* du latin d'Accurse ou de Bartole, et ne pas revenir à l'élégance de Gaius, d'Ulpien et des autres jurisconsultes classiques, à cette *flos orationis, quo levatur fastidium difficultasque laboris?* Encouragé par Antoine de Govéa, qui n'était plus un jeune homme, puisqu'il avait près de quarante ans, et jouissait déjà parmi ses contemporains d'une telle estime qu'il fut bientôt choisi pour défendre contre Ramus Aristote et les doctrines péripatéticiennes, Émile Ferret rédigea à Lyon ses *Notæ in Institutiones,* qu'il publia en 1543, en les dédiant à Govéa. Govéa venait de son côté de dédier à Émile Ferret, « ad Æmilium Ferretum, jurisconsultorum facile principem », son commentaire sur le discours de Cicéron *in Vatinium testem,* livre imprimé à Paris en 1542.

Le plus illustre des professeurs français du xvi° siècle, Cujas, a résidé à Lyon, avec sa famille, pendant plusieurs mois de l'année 1570. A l'approche de l'armée protestante que Coligny dirigeait vers le Nord, les cours de l'Université de Valence, à laquelle appartenait alors le grand romaniste, furent suspendus. Cujas s'éloigna et chercha pour ses études un asile dans notre ville. Mais les dissensions religieuses n'étaient pas moins vives dans le Lyonnais que dans le Dauphiné, et les guerres civiles étaient peu favorables à l'enseignement du droit. Cujas ne professa pas à Lyon. Tout en consacrant une partie de son temps à la rédaction de nouveaux ouvrages, il prépara une édition de ses œuvres antérieurement publiées. Il se heurta, toutefois, à une difficulté qu'il n'avait pas prévue, celle de trouver dans les bibliothèques lyonnaises un exemplaire de chacun de ses livres. Aussi, sans attendre que la paix fût entièrement rétablie, il retourna à Valence. Dès le 28 juillet, dix jours avant la signature du traité de Saint-Germain, il y présida une soutenance de thèse[1].

Une préface, écrite par Jean II de Tournes le 13 août 1580 et insérée en tête de son édition des Institutes de Théophile, nous apprend que François Roaldès, à son retour d'un voyage en Italie, séjourna pendant quelque temps à Lyon. Cet illustre jurisconsulte, qui devait, dit-on, mourir du chagrin que lui causa la mort de son ami le président Duranti, hésitait à retourner à Toulouse, et attendait dans notre ville des nouvelles de la pacification du sud-ouest de la France, « donec certior fiat de rebus Aquitanicis ». Jean de Tournes mit à profit les relations qu'il avait avec Roaldès; il le décida à rédiger pour lui un tableau des degrés de la parenté et une explication de la loi *Jurisconsultus*. Roaldès fit-il en outre quelques leçons de droit?

Les deux œuvres que Roaldès a composées à Lyon sont

---

[1] Voir Berriat-Saint-Prix, *Histoire du Droit romain*, 1821, p. 397 et suiv.

annoncées par Jean de Tournes, sur le frontispice de son Théophile, comme si elles étaient imprimées dans le volume contenant les Institutes. Mais elles ne se trouvent pas dans l'exemplaire que nous possédons, et elles ne paraissent pas avoir été connues des contemporains, puisque de Thou affirme que Roaldès se contenta d'être un illustre professeur et ne donna aucun ouvrage au public, et que les biographes de Roaldès n'en font pas mention.

N'ayant pas d'Université dans leur ville natale, les jeunes Lyonnais du xvie siècle étaient obligés d'aller, dans les Universités voisines, suivre les cours ou tout au moins prendre leurs grades. Les diplômes de l'époque qui ont été conservés émanent des Universités de Valence, d'Avignon, d'Orléans, de Toulouse. Une famille pouvait avoir par tradition des préférences pour une Université; mais, le plus souvent, le choix variait avec les convenances personnelles. Dans les titres de la famille Mellier[1], que notre confrère M. Morin-Pons a récemment donnés à la Bibliothèque de la ville, on trouve : 1° un diplôme de licencié *in utroque jure,* accordé, en 1507, par l'Université de Valence, à Benoît Mellier; 2° un diplôme de bachelier en droit civil, accordé, en 1517, par l'Université d'Orléans, à Guillaume Mellier; 3° un diplôme de docteur *in utroque jure,* accordé, en 1522, par l'Université d'Avignon, au même Guillaume Mellier; 4° un certificat d'études en droit civil et en droit canonique, délivré, en 1551, à Nicolas Mellier, par le recteur de l'Université de Toulouse; 5° un diplôme de docteur *in utroque jure,* délivré, en 1605, par l'Université de Valence, à Pierre Mellier.

---

[1] Philibert Bugnyon, *Legum abrogatarum Tractatus,* lib. I, c. 8, Bruxelles, 1666, p. 214, parlant de l'édit de Henri II sur les mariages clandestins (1556), dit : « Tu verras, à ce propos, le docte commentaire qu'a fait sur iceluy feu M. Mellier, advocat et jurisconsulte fameux à Lyon, jadis l'un de mes plus sincères amis. »

§ 13.

Les registres consulaires permettent d'affirmer que, pendant la plus grande partie du xviii° siècle, il y eut à Lyon, non pas une École de Droit, mais « une Chaire de Droit ». Cette Chaire était, d'après les Consuls, un reste de leur ancienne Université et Faculté de Droit, et ils en rattachaient l'existence à l'arrêt solennel du Parlement de Paris rendu entre le Corps de Ville et le Chapitre [1]. Ils auraient dû ajouter que la solution de continuité était notable, puisque, pendant les xv°, xvi° et xvii° siècles, nous n'avons pas trouvé d'allusions certaines à un enseignement officiel. C'est même par simple conjecture qu'on peut admettre que tel ou tel jurisconsulte a donné dans notre ville des leçons de droit. Au contraire, pendant le xviii° siècle, les cours ont été faits avec régularité. Les détails abondent sur leur organisation et sur les professeurs qui en furent chargés.

La Chaire de Droit fut établie pour donner satisfaction au désir des Lyonnais de « faire étudier les lois à leurs enfants sous leurs yeux [2] ». Cette déclaration des Consuls mérite toute confiance. En est-il de même de leur allégation qu'un accord intervint entre la Faculté de Droit de Dijon et la ville de Lyon, pour permettre aux jeunes gens, qui avaient suivi régulièrement les leçons du professeur lyonnais, d'obtenir des grades dans l'Université bourguignonne, accord

---

[1] Voir la lettre adressée par les Consuls au Contrôleur général des finances, le 14 décembre 1764; Brouchoud, *Recherches sur l'Enseignement public du Droit à Lyon*, 1865, p. 19 et suiv. ; Bellemain, *Lyon-Revue*, t. V, 1883, p. 118 et suiv.

[2] Lettre des Consuls du 14 décembre 1764.

qui aurait reçu l'approbation du chancelier de France ? L'hésitation est permise.

Le premier jurisconsulte dont on peut dire avec certitude qu'il a occupé la Chaire de Droit, est Jean-Baptiste Dantoine. Mais il est bien possible que son père et son grand-père aient enseigné à Lyon.

La Bibliothèque de Lyon possède un manuscrit ayant pour titre : « *Paratitla Digestorum dictata a D. Nicolao Dantonio Mirecuriensi Lotharo, juris utriusque consulto, doctore et professore ; Excepta a P. Andrea Dantonio filio, anno a partu virgineo 1653, Lugduni*[1] ». Delandine traduit : « Leçons dictées par Nicolas d'Antoine, professeur de Droit à Mirecourt, en Lorraine, et recueillies par son fils Pierre-André d'Antoine qui vint s'établir à Lyon[2] ». Le siège de la Faculté de Droit lorraine, en 1653, était, non pas à Mirecourt, mais bien à Pont-à-Mousson. Aussi écartons-nous la traduction de Delandine pour y substituer celle-ci : « *Paratitla* dictés par Nicolas Dantoine, de Mirecourt, en Lorraine, et recueillis à Lyon, en 1653, par son fils Pierre-André Dantoine ».

Si Nicolas Dantoine et Pierre-André Dantoine ont professé à Lyon, leur enseignement ne devait pas avoir une grande notoriété. Un riche bourgeois de notre ville, Pierre d'Assier de Meuve, seigneur de la Chassagne, habitant « en Bellecour », eut, en 1673, l'ambition de voir son fils entrer au Bureau des Finances. Il l'envoya au Collège de Juilly, pour y apprendre les éléments du droit[3]. Se serait-il imposé

---

[1] *Catalogue Delandine*, n° 298, t. I, p. 257, ms. in-4°, papier, de 379 feuillets. A la fin, on lit : « Hæc paratitla absoluta fuere anno Domini MDCLV, die xx mensis martii ».

[2] *Manuscrits de Lyon*, I, n° 298, p. 257.

[3] E. Bonnardet, *Les Lyonnais au Collège de Juilly*, dans *Revue du Lyonnais*, 5ᵉ série, t. XXX, juillet 1900, p. 27.

pareille séparation s'il eût trouvé dans sa ville même un enseignement élémentaire?

Si l'on ne peut pas affirmer que Nicolas Dantoine et Pierre-André Dantoine ont enseigné le droit à Lyon, il n'y a aucun doute pour Jean-Baptiste Dantoine. Les échevins disent expressément, dans leur lettre de 1764, que la Chaire de Droit était possédée, en 1710, par J.-B. Dantoine, « auteur de deux volumes in-4° estimés, qui sont un traité des règles de droit civil et des règles de droit canon ». Ces deux ouvrages sont bien connus des jurisconsultes. Le premier, ayant pour titre : *les Règles du droit civil, dans le même ordre qu'elles sont disposées au dernier titre du Digeste*, a paru à Lyon en 1710, et a été réimprimé à Bruxelles en 1742, et à Liège en 1772 ; le second, ayant pour titre : *les Règles du droit canon, dans le même ordre qu'elles sont disposées au dernier titre du cinquième livre du Sexte et au dernier titre du cinquième livre des Décrétales*, a paru à Lyon en 1720, et a été, comme le premier, réédité à Bruxelles en 1742, et à Liège en 1772[1]. Dantoine ne se qualifie pas professeur, il se dit « docteur aux droits, avocat en Parlement et aux Cours de Lyon ».

Nous avons de lui un autre ouvrage manuscrit, un *Compendium Institutionum Juris civilis a N. J.-B. Dantoine, juris utriusque doctore et in Parlamenti Curia Aulisque Lugdunensibus patrono*[2]. C'est, de l'aveu de l'auteur, une introduction à l'étude du *Theore-practicus in Institutiones Commentarius*, introduction écrite surtout en vue de faciliter aux étudiants l'accès du baccalauréat et des licences.

Le commentaire des Institutes par Dantoine, *Institutiones*

---

[1] A Lyon, chez Claude Plaignard, rue Mercière, au Grand Hercule ; in-4° de 533 pages, plus les préfaces et les tables.
[2] Petit volume (haut., 187 mm. ; larg., 128 mm.) de 72 feuillets ; manuscrit de la Bibliothèque de Lyon, n° 311.

juris civilis a J.-B. Dantoine[1], se trouvait autrefois parmi les manuscrits de la Bibliothèque de la ville, mais il a depuis longtemps disparu. M. Brouchoud l'a vainement cherché en 1865, et nos recherches personnelles n'ont pas été plus heureuses que les siennes.

Jean-Baptiste Dantoine mourut en 1720. Pour le remplacer, le Consulat fit appel à un agrégé de l'Université de Valence, Félix Faure, avocat au Parlement. Après quelques pourparlers, Faure accepta, et ses appointements furent fixés à cinq cents livres. Mais un acte consulaire du 20 juin 1724, inspiré par les doléances du professeur, qui menaçait de quitter Lyon si une augmentation ne lui était pas accordée, éleva le traitement à huit cents livres.

Un point est intéressant à noter dans la requête de Félix Faure : les cinq cents livres ne lui permettent pas, dit-il, de subsister avec honneur et distinction ; il n'a que très peu de jeunes gens à qui il répète le droit[2], et le casuel qu'ils lui procurent est insuffisant pour qu'il vive convenablement, lui et sa famille, dans une ville où tout est d'une très grande cherté[3].

---

[1] Delandine, *Manuscrits de Lyon*, n° 312, t. I, p. 263.

[2] Des recherches de M. Bonnardet, sur les jeunes Lyonnais qui ont été élèves du Collège de Juilly, il paraît bien résulter que presque tous les enfants des grandes familles lyonnaises qui étudiaient le droit étaient, pendant la première moitié du xviii° siècle, inscrits sur les registres de la Faculté de Droit de Paris. On trouve, en effet, sur ces registres : en 1719, Benoît-Jobert Estival, qui suit les cours de MM. Lesaché et Ferrière, et François Archambault; en 1721, Barthélemy-Marie de Montferrand, Hugues de Rivérieulx de Varax, Pierre et Barthélemy Terrasson, Antoine Falcon de Longevialle, Joseph de Jussieu, Pierre Terrasse, etc ; en 1730, Jacques-Antoine de Jerphanion, Jean-Philibert Peysson, etc.; en 1732, Pierre et Joseph-Marie Terray ; en 1736, Alexandre-François de Murard, etc., etc. Il semble que beaucoup de ces jeunes gens, tout en prenant des inscriptions, restaient élèves du Collège de Juilly (Voir *Revue du Lyonnais*, 1900, t. II, p. 113).

[3] Voir l'acte consulaire du 20 juin 1724, dans Brouchoud, *Recherches...*, p. 15 et s.

A la mort de Félix Faure, en 1733, Charles-François Rouveyre de Lestang, docteur en droit de l'Université de Valence, fut appelé à occuper la Chaire de Droit. Mais il fallut encore augmenter le traitement. Informé de la capacité, de l'expérience et de l'habileté du nouveau professeur, le Consulat lui alloua mille livres, par délibération du 9 juin 1733, sous la condition qu'il ne s'absenterait pas de la ville sans autorisation.

Rouveyre de Lestang, ayant été appelé à une chaire de l'Université de Valence, fut remplacé, le 3 septembre 1739, par noble Pierre Perrichon, avocat en Parlement et ès Cours de Lyon.

Ce Pierre Perrichon, qui enseigna de 1739 à 1748, est certainement distinct d'un autre Pierre Perrichon, homme de confiance du maréchal de Villeroy, qui fut avocat au Parlement, secrétaire de la ville de Lyon, puis, en 1700, prévôt des marchands[1], et dont le fils, Camille Perrichon, a joué un grand rôle dans l'histoire municipale lyonnaise du XVIIIe siècle. Camille, qui fut cinq fois prévôt des marchands de 1730 à 1739, est mort en 1768, âgé de quatre-vingt-dix ans[2]. Son père aurait été au moins octogénaire en 1739, et ce n'est pas à quatre-vingts ans que l'on accepte une chaire de droit. Le professeur était-il uni à Camille par un autre lien de parenté ? Était-il son frère ou son fils ? Nous avons cherché, sans la trouver, une réponse à ces questions.

Noble Jacques Jolyclerc, seigneur de la Bruyère, avocat au Parlement et aux Cours de Lyon, fut nommé professeur de droit, le 2 mai 1748, aux appointements de mille livres.

---

[1] Monfalcon, *Histoire monumentale de la Ville de Lyon*, t. V, 1re partie, p. 22.

[2] Sur Camille Perrichon, voir Steyert, *Histoire de Lyon*, t. III, p. 372, et Henry Morin-Pons, *Numismatique de l'Académie de Lyon*, 1900, p. 79 et suiv.

Le nouveau titulaire de la Chaire de Droit n'était pas d'origine lyonnaise. Il était fils d'un conseiller du Roi, lieutenant civil au bailliage et chancellerie de Saint-Jean-de-Losne, Christophe-Claude Jolyclerc, ancien maire de cette petite ville, à laquelle on a donné le nom de Belle-Défense. Jacques aimait à rappeler que l'un de ses ancêtres, son quadrisaïeul, Hiérôme Jolyclerc, était, en 1636, l'un des capitaines qui signèrent l'acte contenant résolution de défendre Saint-Jean-de-Losne jusqu'à la dernière extrémité contre les Impériaux, et de mourir, l'épée à la main, au milieu de ses ruines. Par son aïeule maternelle, il se rattachait également à Pierre Lapre, l'un des braves échevins qui organisèrent la défense et forcèrent les ennemis à lever le siège[1].

Nous savons, par la lettre des Consuls du 14 décembre 1764, que Jolyclerc, au moment de sa nomination, était très occupé au barreau. Il donnait des consultations, dont quelunes sont arrivées jusqu'à nous.[2] De grandes compagnies l'avaient choisi comme défenseur. Ce fut lui qui, en 1752, répondit, au nom de la Communauté des maîtres marchands de soie, à un mémoire que l'intendant du commerce, M. de Gournay, venait de publier pour protester contre la réglementation rigoureuse à laquelle l'apprentissage était soumis à Lyon[3]. Mais les Consuls ajoutent que Jolyclerc quitta insensiblement la plaidoirie pour se livrer entièrement aux études qu'exigeait le lourd enseignement dont il était chargé. Il accepta toutefois, de 1760 à 1762, les fonctions

---

[1] Jolyclerc a écrit sur le mémorable siège que Saint-Jean-de-Losne subit en 1636, un mémoire qui fut inséré dans les *Nouvelles Recherches sur la France*, Paris, 1766, t. II, p. 146 à 156.

[2] Manuscrits de la Bibliothèque de Lyon, Fonds Coste, n° 1788, *Catalogue général*, n° 1892, p. 572.

[3] Voir Justin Godart, *l'Ouvrier en soie*, 1re partie, 1899, p. 131.

de recteur de l'Hôtel-Dieu[1], et ensuite celles d'échevin en 1763 et 1764[2].

Quatre ouvrages élémentaires, tous restés inédits, furent rédigés par lui pour être dictés à ses élèves et servir de base à ses explications. Le premier était une conférence des Institutes du Droit romain avec la jurisprudence du Parlement de Paris spéciale au Lyonnais ; le deuxième, un traité des Institutes du Droit canon, rapprochées des maximes et des usages du Royaume ; le troisième, un traité de Droit français, adapté aux usages particuliers de la ville de Lyon et des provinces voisines ; le quatrième, une Procédure civile, présentant en entier, d'une manière claire et facile, toute l'instruction d'un procès.

Des quatre ouvrages élémentaires composés par Jolyclerc en vue de son enseignement, un seul est parvenu jusqu'à nous. M. Claudius Brouchoud en a trouvé un exemplaire dans les archives de la Cour d'appel[3] ; nous en avons fait acquérir un autre par la grande Bibliothèque de la Ville[4]. Il a pour titre : *Éléments de la procédure civile, suivant les règles prescrites par l'ordonnance de Louis XIV du mois d'avril 1667, enregistrée au Parlement de Paris, le Roy séant en son lit de justice, le 20ᵉ du même mois ; ouvrage de*

---

[1] *Recteurs et administrateurs de l'Hôtel-Dieu*, p. 224. Voir aussi Dagier, *Histoire de l'Hôpital général*, 1830, II, p. 141 et 144. Le nom de Jolyclerc est inscrit sur les tables de marbre commémoratives de l'achèvement du grand dôme de l'Hôtel-Dieu.

[2] Ses armes étaient : *D'azur, au lys tigé d'argent, au chef cousu de gueules, chargé d'un soleil d'or.* Voir E. Poncet, *Recherches sur les jetons consulaires de la Ville de Lyon*, 1883, p. 170.

[3] *Recherches sur l'Enseignement public du Droit à Lyon*, 1865, p. 22, note 1.

[4] Ce manuscrit, qui porte l'*Ex libris* d'un M. Lyons, notaire à Chavanay, et d'un de ses clercs nommé Rousset, est un petit volume de 20 centimètres de hauteur, sur 16 de largeur, composé de 414 pages numérotées, sans compter les tables. Il est conservé dans le dépôt des manuscrits, sous le n° 1585. Voir *Catalogue général*, n° 1607, p. 498.

M. Jolyclerc, avocat en Parlement et ez Cours de Lyon, docteur en droit civil et canonique et proffesseur du Collège de droit de la ville de Lyon.

C'est un exposé clair et simple de l'ancienne procédure, bien suffisant pour préparer les auditeurs à répondre aux interrogations auxquelles ils étaient exposés pour arriver aux grades. L'auteur n'oublie pas, cependant, qu'il professe devant de jeunes Lyonnais. Il se plaît à mettre en lumière certaines différences entre la pratique des tribunaux de Paris et celle des tribunaux de Lyon, différences sur lesquelles le Parlement fermait les yeux, parce qu'elles avaient été introduites pour remédier aux difficultés résultant de l'éloignement de la juridiction supérieure. Il expose avec complaisance les traits qui séparent des juridictions consulaires ordinaires le Tribunal lyonnais, dit « de la Conservation des privilèges royaux des Foires de Lyon ». Il fait volontiers allusion aux usages de la vie lyonnaise, et dit, par exemple, que l'on devra recourir aux *carcabeaux*, ou registres de la Grenette, lorsque les restitutions de fruits auront lieu, non pas en nature, mais par équivalent.

Les almanachs de la ville de Lyon mentionnent assez régulièrement ce qu'ils appellent l'École de Droit, le Collège de Droit, les Cours de Droit.

Dans l'*Almanach pour 1763*[1], on lit que « les leçons se donnent à présent, dans la rue du Bœuf, depuis deux heures après midi jusqu'à cinq, excepté dans le temps des grandes féries ». Comme Jacques Jolyclerc demeurait rue du Bœuf, il est permis de croire que ses cours étaient professés dans la maison même qu'il habitait.

L'*Almanach de 1764*[2] nous fournit cet autre renseignement : « Les études de droit se font en trois années, pendant

[1] P. 135.
[2] P. 135.

lesquelles on enseigne alternativement le droit civil, le droit canonique, le droit français et l'ordonnance de 1667. » Il ajoute : « Le professeur en exercice, qui est M. Joliclerc, écuyer, seigneur de la Bruyère, docteur en droit civil et canonique, avocat au Parlement, a été nommé à la Chaire, suivant l'usage établi, par MM. les Prévôt des marchands et Échevins ».

Jolyclerc resta en fonctions pendant près de quarante ans. Le 12 mars 1785, le Consulat, instruit que ce professeur avait dû, pour cause d'indisposition, suspendre ses leçons, et craignant que son grand âge ne fût un obstacle à la continuation de son enseignement, lui adjoignit, avec promesse de survivance, Pierre-François Rieussec, écuyer, avocat au Parlement et aux Cours de Lyon [1].

Jolyclerc mourut en 1787.

Pierre-François Rieussec était né à Lyon le 23 novembre 1738, et il est mort, le 20 juillet 1826, après avoir rempli de hautes fonctions législatives et judiciaires. Deux notices biographiques, l'une par M. Guerre [2], l'autre par M. Grognier [3], lui ont été consacrées peu de temps après sa mort ; nous n'avons rien à y ajouter. Nous nous bornerons à dire qu'il fut chargé, en 1800, de rédiger les observations du Tribunal d'appel de Lyon sur le projet de Code civil, et que, parmi les manuscrits qu'il a laissés, figure un mémoire pour l'établissement à Lyon d'une École succursale de Droit [4].

---

[1] Brouchoud, *Recherches sur l'Enseignement public du Droit à Lyon*, p. 24.
[2] Lyon, Perrin, 1827, in-8.
[3] Lyon, Barret, 1828, in-8.
[4] Dumas, *Histoire de l'Académie de Lyon*, 1840, t. II, p. 621.

§ 14.

En 1762, au moment où les Jésuites furent exclus du Collège de la Trinité et du Collège de Notre-Dame-de-Bon-Secours ou Petit Collège, les officiers de la Sénéchaussée de Lyon adressèrent au Parlement un très curieux « Mémoire sur la manière d'enseigner dans les nouveaux Collèges de cette ville, et sur les différents genres de connaissances qu'on peut procurer aux jeunes gens pendant les six années consacrées à l'étude des belles-lettres ». Ce mémoire a été jugé, par M. le Directeur de l'Enseignement supérieur [1], digne d'une réimpression intégrale, parce qu'il montre, mieux, peut-être, qu'aucun autre témoignage contemporain, quel jugement des hommes intelligents et instruits portaient alors sur l'enseignement en vigueur. Les membres de la Sénéchaussée avouent que « leurs premiers regards se sont fixés sur l'établissement d'une Université ». Mais ils prévoient que cet établissement éprouvera quelques difficultés et ils en font, sans trop de peine, le sacrifice. Mieux vaut réorganiser, suivant un programme qu'ils tracent dans les moindres détails, tout l'enseignement secondaire. « Les avantages de ce nouveau plan d'études, bien balancés avec ceux qu'on pourrait retirer d'une Université, seraient peut-être prépondérants ». Les cours auxquels ils attachent le plus de prix sont précisément ceux qu'on ne trouve dans aucune des Universités de France, pas même dans l'Université de Paris, tandis qu'on les rencontre partout à l'étranger, en Suisse et en Hollande, jusque dans de petites villes dont on connaît à peine les noms : cours de droit naturel,

---

[1] L. Liard, *L'Enseignement supérieur en France, 1789-1889*, t. I, 1888, p. 313 à 333.

cours de droit des gens, cours de droit public. Comme l'érection d'une Université ne donnerait pas satisfaction à ce désir, il faut plutôt demander pour les jeunes Lyonnais « un plan d'instruction différent et des connaissances plus étendues que dans les autres villes de province. Peu importe qu'il y ait à Lyon des gens de lettres et des savants aussi consommés que dans la capitale ; mais il importe essentiellement que les arts y soient portés à la dernière perfection et que les négociants puissent entretenir avec les étrangers une correspondance dans leur langue naturelle ». La Sénéchaussée de Lyon estime, d'ailleurs, qu'une teinture suffisante des lois générales du royaume est nécessaire, au même titre que l'histoire et la géographie, aux jeunes gens qui sortent des Collèges.

§ 15.

La Révolution approchait. On assure que l'avant-dernier archevêque de Lyon, Mgr de Malvin de Montazet, s'employa de toutes ses forces pour doter Lyon d'une Université, et que, si son projet n'aboutit pas, ce ne fut, certes, pas par sa faute[1]. Il n'y a pas à regretter son échec. Le succès n'eût pas été de longue durée ; l'Université de Lyon aurait été, comme toutes les autres Universités et corps savants, supprimée, au plus tard, par la loi du 8 août 1793.

Dans les assemblées préparatoires aux élections pour les États généraux, le Tiers État de la Sénéchaussée de Lyon, après avoir appelé l'attention du Roi et des États « sur les abus qui s'étaient glissés dans le régime des Universités, dans la concession des grades et dans l'éducation publique », demanda qu'une place importante fût donnée à l'enseignement

[1] Petit, *De l'Instruction publique à Lyon avant 1789*, Lyon, 1889, p. 149.

du droit. Son vœu était, notamment, que « les lois constitutionnelles de la France devinssent des livres classiques dans les villes et dans les campagnes ». L'enseignement, disait-il, ne sera vraiment national que lorsqu'on apprendra aux enfants des écoles les institutions et les lois de leur pays, parce qu'il faut « que l'amour de la patrie et l'esprit public soient dès l'enfance le premier sentiment de tout Français[1] ». C'est, presque en termes identiques, le vœu qu'exprimaient, dès 1762, les officiers de la Sénéchaussée de Lyon. Le Tiers État de la ville de Lyon, dans le cahier spécial qu'on l'autorisa à présenter, fut moins explicite; il se borna à demander des règlements sur l'éducation publique et sur les Universités[2]. L'ordre du clergé et l'ordre de la noblesse du ressort de la Sénéchaussée de Lyon ne s'occupent ni l'un ni l'autre de l'enseignement supérieur. Le premier revendique, pour lui et pour les congrégations religieuses, le droit exclusif de diriger les Collèges. Le second exprime le vœu « qu'il soit fondé à Lyon une chaire de chimie dont l'objet particulier soit de perfectionner l'art de la teinture[3] ». Rien de plus.

La suppression des Parlements et de l'ordre des avocats eut pour suite naturelle la cessation des cours dans les Facultés de Droit. A plus forte raison, la Chaire municipale de Droit dut rapidement disparaître.

§ 16.

En 1792, le Bureau d'administration des Collèges, « animé du désir de procurer d'avance aux Lyonnais la jouissance d'une partie de l'instruction projetée par les Comités de

---

[1] Mavidal et Laurent, *Archives parlementaires, Cahiers des États généraux*, t. III, 1868, p. 611.
[2] *Eod. Loc.*, p. 616.
[3] *Eod. Loc.*, p. 608.

l'instruction publique de l'Assemblée nationale et de l'Assemblée législative », organisa, à titre provisoire, un Institut des Sciences et des Arts utiles. A en juger par les titres des chaires, cet Institut était presque une véritable Université. A côté de professeurs de mathématiques, de géométrie, de physique, de chimie, d'histoire naturelle, d'agriculture, représentant la Faculté des Sciences, il y avait un professeur de haute latinité, plusieurs professeurs de langues étrangères, un professeur de géographie, un professeur d'histoire éclairée par les médailles et l'antiquité et d'antiquités éclairées par l'histoire, etc. C'était la Faculté des Lettres. Puis venaient des professeurs de médecine théorique et pratique, de chirurgie et d'anatomie, et enfin un professeur de droit naturel et français, dont on peut rapprocher un professeur de commerce. L'organisation de cet Institut fut, dit-on, approuvée par la Convention nationale, et une séance solennelle d'inauguration eut lieu le 12 octobre 1792. Le discours prononcé à cette occasion par l'un des membres du Bureau d'administration, Jean-Emmanuel Gilibert, qui était en même temps professeur d'histoire naturelle, a été imprimé. L'Institut des Sciences et des Arts utiles a donc fonctionné, probablement jusqu'à l'époque du siège; ses cours sont indiqués dans l'*Almanach de Lyon pour 1793*.

Le professeur de droit naturel et français était, comme son collègue Gilibert, membre du Bureau d'administration des Collèges. Il s'appelait Frossard. Nous sommes porté à croire que ce professeur est Benjamin-Sigismond Frossard, né à Nyon (Suisse) en 1754, mort à Montauban le 3 janvier 1830. Frossard, qui, en 1792, exerçait à Lyon les fonctions de pasteur, s'était fait connaître par un livre intitulé : *La Cause des Esclaves nègres et des habitants de la Guinée portée au tribunal de la raison, de la politique et de la religion*[1]. Il fut plus tard professeur de morale à l'École centrale de Clermont, puis collabora à la rédaction des articles organiques du culte réformé, et devint enfin professeur à la Faculté de Théologie protestante de Montauban et doyen de cette Faculté.

§ 17.

Les décrets de la Convention, du 7 ventôse de l'an III (25 février 1795) et du 3 brumaire an IV (25 octobre 1795), qui établirent dans chaque département de la République une École centrale[2], décidèrent que la législation serait enseignée, dans la troisième section des Écoles, concurremment avec la grammaire générale, les belles-lettres et l'histoire. Un seul professeur eut mission d'enseigner, en une année, tout le droit en vigueur : droit romain, coutumes, ordonnances, lois nouvelles !

Cette lourde tâche fut confiée pour le département du Rhône à Antoine-François Delandine, homme de loi, ancien député aux États généraux. La vie de Delandine, né à Lyon le 6 mars 1756, mort également à Lyon le 5 mai 1820, est trop connue pour qu'il y ait lieu de la retracer ici. Son nom figure honorablement dans tous les catalogues des Lyonnais dignes de mémoire[3]. Quelques-uns de ses nombreux ouvrages le préserveront de l'oubli; mais aucun des livres qu'il a signés ne pourra figurer dans une histoire de la littérature juridique.

---

[1] Paris, 1788, 2 vol. in-8.

[2] Voir, sur les Écoles centrales, M. Liard, *L'Enseignement supérieur en France*, t. I, p. 232 et s.

[3] Monfalcon, *Histoire monumentale de la ville de Lyon*, t. III, p. 250 et suiv.

La loi du 11 floréal an X (1ᵉʳ mai 1802) sur l'instruction publique supprima les Écoles centrales. L'enseignement donné dans ces Écoles fut distribué entre des Lycées ou Écoles secondaires et des Écoles spéciales. L'article 25 porte qu'il pourra être établi dix Écoles de droit, chacune d'elles ayant quatre professeurs au plus.

Les Écoles de droit ainsi annoncées ne furent organisées que deux ans plus tard, par la loi du 22 ventôse an XII (13 mars 1804), et les *douze* villes dans lesquelles elles devaient être établies furent déterminées par l'article 1ᵉʳ du décret du 4ᵉ jour complémentaire de l'an XII (21 septembre 1804).

Lyon ne figure pas sur la liste. Faut-il s'en étonner beaucoup? On assure que des oppositions se produisirent, à Lyon même, quand il fut question d'établir dans notre ville une Cour d'appel, le voisinage immédiat d'une haute Cour de justice fournissant trop d'aliments à l'esprit de chicane! Plus récemment encore, en 1865, un juriste lyonnais très estimable déclarait inopportunes toutes les sollicitations relatives à la création d'une Faculté de droit, parce qu'il ne voyait pas ce que la science du droit pourrait gagner à être enseignée dans une ville étrangère aux traditions parlementaires[1].

Lors de la création de l'Université impériale, les Écoles de Droit changèrent leur titre ; elles devinrent des Facultés de Droit. Mais leur nombre ne fut pas accru. Il y eut bien ultérieurement, de 1808 à 1814, quelques créations nouvelles, mais toutes en dehors des frontières actuelles de la France et pour répondre aux besoins de pays étrangers successivement annexés à l'Empire.

---

[1] C. Brouchoud, *Recherches sur l'Enseignement public du Droit à Lyon*, 1865, p. 6.

§ 18.

Le Gouvernement de la Restauration, bien loin de créer, supprima beaucoup d'établissements d'enseignement supérieur. En 1821, à l'époque où la Faculté de Droit de Grenoble fut brusquement fermée par M. de Corbière[1], on se demanda sérieusement, dans les Conseils du gouvernement, si la suppression ne devait pas atteindre toutes les Facultés de Droit. Le Ministre de la Justice (ce devait être M. de Peyronnet) proposa nettement cette mesure radicale. Dans un rapport adressé au Ministre de l'Intérieur, il dit, en propres termes, que les Écoles de Droit étaient des Écoles de perdition; qu'il y aurait scandale tant que l'on rassemblerait et partout où l'on rassemblerait les jeunes gens du siècle, enfants inquiets qu'agitait l'esprit irréligieux et révolutionnaire; que ce scandale ne finirait que lorsque les Écoles de Droit seraient fermées, abrogées et remplacées par l'instruction privée. Puis il concluait ainsi : « Que le jeune homme, qui aspire aux honneurs de la magistrature et aux nobles fonctions du barreau, étudie solitairement, au sein de sa famille, les monuments de notre législation[2] » ! ! L'heure aurait été bien mal

---

[1] Voir notre *Discours sur la vie et les œuvres de M. Frédéric Taulier*, Grenoble, 1864, p. 7 et suiv.

[2] L. Liard, *L'Enseignement supérieur en France*, t. II, p. 161. Vingt-cinq ans de décanat nous permettent d'affirmer que beaucoup de parents substitueraient, avec enthousiasme, la conclusion de M. de Peyronnet à nos règlements sur l'assiduité. Dans une très intéressante étude sur Bucarest, la reine Élisabeth de Roumanie (Carmen Silva) parle, avec quelque surprise, des mères de famille roumaines, qui disparaissent du monde et se privent de tout pour pouvoir envoyer leurs enfants dans Paris. On sait bien pourtant les résultats déplorables du manque de surveillance sur les enfants: « L'éducation à l'étranger, c'est la mort de la vie de famille, et les jeunes gens ignorent que le confessionnal maternel à la fin de chaque journée est chose meilleure que les grandes Écoles ». Voir *Les Capitales du monde*, Paris, 1892, p. 306 et s. L'enseignement supérieur n'aurait donc sa raison d'être que pour les jeunes gens qui résident aux sièges des Universités! Pour les autres, le mieux serait de n'y pas songer...

choisie pour demander que Lyon fût doté d'une Faculté de Droit.

Moins réactionnaire que MM. de Corbière et de Peyronnet, M. de Guernon-Ranville, pendant son court Ministère de l'Instruction publique, voulut seulement, en 1830, décentraliser l'enseignement du droit, en créant quelques Écoles secondaires de Droit. Il espérait diminuer ainsi le nombre des étudiants entassés à Paris; c'était sa raison politique. Mais il obéissait aussi à une considération morale ; car il donnait par là aux familles les moyens de faire étudier leurs enfants sous leurs yeux, au lieu de les envoyer se perdre dans les grands centres de population et de corruption [1].

Tous les autres Ministres firent à ce projet une opposition énergique. La multiplicité des Écoles ne peut servir, disaient-ils, qu'à augmenter le nombre des étudiants, et il y en a déjà beaucoup trop !... De trop grandes facilités données pour acquérir l'instruction sont inutiles au peuple et nuisibles au bon ordre.

Malgré l'appui du Conseil de l'Instruction publique, le projet d'Écoles secondaires de Droit fut indéfiniment ajourné. Lyon n'en aurait d'ailleurs retiré aucun profit; car M. de Guernon-Ranville avait eu la précaution d'exclure les grands centres de population. Les seules villes favorisées par son projet étaient Besançon, Bourges, Orléans et Douai. Il dit bien, dans son *Journal*, qu'il aurait voulu aller plus loin, et qu'il faisait une grande concession aux adversaires de la propagation de l'enseignement, en ne donnant pas les trois Facultés à chacune des vingt-six Académies.

Vingt-six Facultés de Droit en France ! C'était beaucoup exiger, et nous ne sommes pas étonné lorsque l'ancien

---

[1] Voir de Guernon-Ranville, *Journal d'un Ministre*, Caen, 1873, p. 104 à 108.

Ministre avoue lui-même qu'il fut combattu par tout le monde et qu'il ne réussit à trouver aucune adhésion.

§ 19.

Lyon ne fut pas plus heureux sous le Gouvernement de Juillet. Et, cependant, de ses quatre grands Ministres de l'Instruction publique dont l'Université garde le souvenir, deux, Guizot et Cousin, se montrèrent favorables à la concentration des Facultés sur quelques points du territoire ; les deux autres, Villemain et de Salvandy, multiplièrent les établissements d'enseignement supérieur. Pour les premiers, la seconde ville de France aurait dû être un lieu de concentration naturellement indiqué. Pour les autres, qui ne reculaient pas devant la perspective d'une vingtaine de Facultés du même ordre, Lyon avait bien des titres pour bénéficier des créations nouvelles. Mais tous furent d'accord sur ce point qu'il n'y avait pas lieu d'augmenter le nombre des Facultés de Droit. Les neuf Facultés alors existantes répondaient à tous les besoins des familles, et il convenait de les laisser là où le décret du 21 septembre 1804 les avait mises, c'est-à-dire dans des villes de moyenne importance, et non de les transporter dans les grandes agglomérations. Ni Lyon, ni Marseille, ni Bordeaux, les seules villes qui eussent alors plus de cent mille habitants, ne figurèrent dans les projets de Guizot et de Cousin relatifs à l'institution de centres universitaires. Quant aux partisans de la dispersion, ils voulurent bien accorder à notre ville une Faculté des Sciences et une Faculté des Lettres ; mais leur générosité n'alla pas jusqu'à donner satisfaction aux vœux des autorités locales tendant à la création d'une Faculté de Droit.

Il y avait à cette résistance un motif bien connu. La prudence commande, disait-on, de ne pas appeler, de ne pas rassembler, dans une grande ville sujette aux insurrections, des jeunes gens qui pourraient être tentés de faire, un jour d'émeute, ce que faisaient habituellement, en pareil cas, les élèves des grandes Écoles parisiennes : prendre part au mouvement et, peut-être même, à un moment donné, le diriger. Dans un long récit des troubles de Lyon en avril 1834, récit que M. Guizot a textuellement inséré dans ses *Mémoires*[1], on lit que les élèves de l'École vétérinaire ont donné aux insurgés plus d'un témoignage de bienveillance ; que leur neutralité n'a pas été absolue ; que des officiers, qui observaient avec calme et fermeté l'état de cette jeunesse, ne trouvaient pas leurs soldats en sûreté, éparpillés au milieu de cent quarante jeunes têtes méridionales ; qu'il a fallu menacer les élèves de faire feu sur eux, etc., etc.[2]. Ce souvenir n'a pas dû être sans influence sur les réponses faites aux Lyonnais qui sollicitaient une Faculté de Droit.

La concession d'une Faculté des Sciences ou d'une Faculté des Lettres ne pouvait pas avoir les mêmes dangers. Ces Facultés étaient instituées presque exclusivement pour remplacer les Commissions qui examinaient les candidats aux baccalauréats. Dans la mesure très restreinte où elles participaient à l'enseignement, elles ne devaient pas de longtemps rassembler autour de leurs chaires une jeunesse plus ou moins turbulente. Voilà pourquoi Villemain et de Salvandy augmentèrent, sans rencontrer d'objections, le nombre de ces Facultés, tout en laissant intact le nombre des Facultés de Droit et des Facultés de Médecine.

---

[1] *Mémoires pour servir à l'histoire de mon temps*, 3ᵉ édition, t. III, p. 424 à 499.
[2] Voir *Loc. cit.*, p. 472 à 475.

§ 20.

En 1838, le Conseil municipal et la Chambre de Commerce de Lyon, après d'assez longues négociations, se mirent d'accord pour solliciter l'établissement dans notre ville d'une chaire de droit commercial, à laquelle serait affectée une dotation particulière en fonds municipaux. L'initiative vint-elle, comme on l'a dit souvent, soit de la Chambre de Commerce, soit de la Municipalité lyonnaise? Il est permis d'en douter. Les lettres d'Ozanam autorisent à croire que ce fut ce jeune docteur qui suggéra l'idée à quelques personnes notables qui s'intéressaient à lui[1]. Dès 1836, il parle à son ami Janmot de ses efforts pour se préparer une carrière moins pénible que celle du barreau, à laquelle il avait d'abord songé. L'enseignement du droit ou des lettres, dans des chaires que l'on créerait à Lyon, lui conviendrait assez[2]. En 1837, ses amis obtiennent de la Chambre de Commerce qu'elle adresse au Ministre de l'Instruction publique un mémoire sur les avantages qui résulteraient pour la ville de Lyon de l'enseignement du droit commercial. Mais le mémoire n'a pas été rédigé par un membre de la Chambre ; c'est Ozanam qui en est l'auteur ; il le reconnaît lui-même

---

[1] Frédéric Ozanam, né à Milan le 23 avril 1813, avait été reçu docteur en droit, à Paris, le 30 août 1836, et il était venu se faire inscrire au barreau de Lyon. En attendant la clientèle, il chercha à donner des leçons de droit. « Après les vacances, je ferai une leçon de droit à trois jeunes gens qui se trouvent trop grands seigneurs pour s'aller asseoir sur les bancs de l'École ». Lettre du 5 octobre 1837, dans *Lettres de Frédéric Ozanam*, 1865, t. I, p. 231. Conf. une lettre du 30 avril 1838, *Loc. cit.*, p. 250 : « Une leçon de droit, que je donne tous les jours, est le plus positif de mes revenus ».

[2] Lettre du 13 novembre 1836, *Loc. cit.*, p. 200 et s.

dans une lettre au Recteur de l'Académie[1]. Il dit, il est vrai, qu'il a obéi à une invitation de M. Dugas, président de la Chambre; mais il ne dissimule pas qu'il est personnellement intéressé dans l'affaire. Presque en même temps, il écrit à Jean-Jacques Ampère pour le prier d'appuyer la demande et de s'intéresser à sa nomination[2]. Quand la création paraît assurée, en 1838, Ozanam, désirant être nommé, ne voulant pas, comme il le dit, qu'on puisse « ajouter un vers de plus au *Sic vos non vobis* de Virgile »[3], pose ouvertement sa candidature. « J'ai fait plus de soixante visites; j'ai vu trente-quatre conseillers municipaux et j'ai acquis la certitude presque entière d'être présenté[4] ». Enfin, témoignage encore plus explicite que tous les autres, il écrit le 9 avril 1838 : « Le plus difficile est fait et je ne puis assez m'étonner qu'un pauvre garçon comme moi en soit venu à faire créer une chaire[5] ».

A Paris, comme à Lyon, il y eut beaucoup d'hésitations. Le Ministère du Commerce soumettait la demande au Ministère de l'Instruction publique, qui la faisait examiner par le Conseil Royal, et ce Conseil formulait quelques objections[6]. Un conflit, peu apparent, mais très réel, existait entre le Maire de Lyon et le Recteur. Ce dernier tenait essentiellement à ce que le nouveau cours fût placé sous la juridiction de l'Université; il trouvait qu'il y avait déjà, à Lyon, trop d'établissements créés par des autorisations

---

[1] Lettre inédite du 10 février 1837, annexée au Mémoire conservé dans les Archives de l'Académie.

[2] Lettre du 16 février 1837, *Loc. cit.*, p. 205 et s. Voir une autre lettre à Ampère du 2 juin 1837, *Loc. cit.*, p. 223 : « La chaire de droit commercial me donnerait une position sûre, honorable, paisible ».

[3] *Loc. cit.*, p. 249 et s.

[4] Lettre du 7 février 1838, *Loc. cit.*, p. 244.

[5] *Loc. cit.*, p. 249; voir aussi p. 262.

[6] Lettre du 5 octobre 1837, *Loc. cit.*, p. 32.

ministérielles auxquelles l'Université était restée étrangère. Le Maire voulait, de son côté, donner au cours un caractère exclusivement municipal. Il fallait, d'ailleurs, la dotation devant être inscrite au budget de la Ville, l'approbation du Ministère de l'Intérieur [1].

Quand toutes les difficultés eurent été aplanies, que la chaire eut été demandée, que le traitement du professeur fut voté, le Conseil municipal ne se pressa pas de dresser la liste des candidats entre lesquels le Ministre de l'Instruction publique aurait à choisir. Ozanam se plaint à ses amis de ces retards qu'il n'avait pas prévus ; on l'oblige ainsi à continuer des sollicitations fatigantes pour une nomination qu'on lui dit certaine, mais qu'on lui fait attendre indéfiniment [2].

Ce fut seulement au mois de février 1839 que le Conseil se décida à présenter Ozanam. Vingt-quatre votants sur trente-six se prononcèrent en sa faveur [3]. Victor Cousin venait de lui offrir la chaire de philosophie du Lycée d'Orléans ; il remercia son puissant protecteur, en alléguant que des devoirs de famille l'obligeaient à préférer une chaire de droit à Lyon. « On parle, écrit-il à un de ses amis, de la fondation d'une École de Droit dans ce pays-ci, et vous comprenez que le professeur municipal sera à peu près sûr d'y trouver une chaire, c'est-à-dire inamovibilité, position honorable et liberté d'agrandir à son gré la sphère de son enseignement [4] ».

Quels motifs retardèrent encore la création de la chaire et la nomination d'Ozanam ? Nous ne saurions répondre à cette question. Ce qui est certain, c'est que les délibérations

---

[1] Lettre du 18 novembre 1838, *loc. cit.*, p. 285 et s.
[2] Lettres des 11 et 21 août 1838, *Loc. cit.*, p. 277 et 282.
[3] Lettre du 21 février 1839, *Loc. cit.*, p. 290 et s.
[4] Lettre du 21 février 1839, *Loc. cit.*, p. 291.

relatives à la chaire de droit commercial à établir à Lyon, et la présentation d'Ozanam, ne furent transmises par le Ministère du Commerce au Ministère de l'Instruction publique que le 3 juillet 1839. Mais, l'avis du Ministre du Commerce étant favorable, l'affaire fut immédiatement soumise au Conseil royal. Dès le 6 juillet, Victor Cousin écrivait à son cher Ozanam : « Je viens vous annoncer que, dans le Conseil d'hier, il a été arrêté que vous seriez nommé à la chaire de droit commercial. J'aurais bien mieux aimé vous voir dans mon régiment[1]... ».

Par arrêté du 6 juillet 1839, le Ministre créa, « dans la Ville de Lyon, une chaire de droit commercial, spécialement destinée aux jeunes gens qui se destinent au commerce et à l'industrie », et « dont le professeur jouira du traitement spécial déterminé par le Conseil municipal[2] ». Deux jours plus tard, le 8 juillet, Ozanam fut nommé professeur de ladite chaire[3].

On était à la veille des vacances, et l'on dut encore différer pendant plusieurs mois l'installation du nouveau professeur.

---

[1] Lettre du 6 juillet 1839, *Loc. cit.*, p. 327. Sur ce *régiment*, « dont le colonel était maréchal de France », voir Jules Simon, *Victor Cousin*, 1891, p. 76 à 118.

[2] Voir les délibérations du Conseil municipal du 25 janvier 1838 et du 31 janvier 1839, la délibération de la Chambre de Commerce du 18 avril 1839, et l'avis du Conseil royal de l'Instruction publique du 5 juillet 1839.

[3] Le Ministre, Secrétaire d'État au département de l'Instruction publique, etc.... Vu la lettre de M. le Ministre du Commerce, en date du 3 de ce mois, transmissive des délibérations du Conseil municipal et de la Chambre de Commerce de Lyon, relatives à l'établissement, dans cette ville, d'une chaire de droit commercial, et portant présentation de M. Ozanam pour occuper la dite chaire; Arrête ce qui suit : Article premier : M. Ozanam, docteur en droit, est nommé professeur de la chaire de droit commercial établie à Lyon; Art. 2 : M. le Recteur de l'Académie de Lyon est chargé de l'exécution du présent arrêté. Fait à Paris, le 8 juillet 1839. *Signé :* Villemain.

L'antagonisme entre le Recteur et le Maire reparut, lorsqu'il fallut annoncer, par voie d'affiches, l'ouverture du cours. Le Maire voulait signer ces affiches ; le Recteur se prévalait de l'article 2 de l'arrêté ministériel, qui avait nommé Ozanam professeur de la chaire, et qui contenait la phrase habituelle : « M. le Recteur de l'Académie de Lyon est chargé de l'exécution du présent arrêté ». Ce fut le Recteur qui l'emporta ; les affiches furent signées par lui seul, avec mention que le cours était fondé par la Ville et qu'il serait public et gratuit.

L'installation eut lieu le 16 décembre 1839. Le Recteur de l'Académie, M. Soulacroix, reçut d'Ozanam le serment, exigé de tous les fonctionnaires publics par l'article 1er de la loi du 30 août 1830, de fidélité au Roi des Français, à la Charte constitutionnelle et aux lois du royaume.

Le même jour, Ozanam prononça son discours d'ouverture.

L'auditoire, dans lequel se trouvaient toutes les notabilités littéraires, universitaires et commerciales de Lyon, était nombreux. Le Recteur l'évalue à deux cents personnes, Ozanam à plus de deux cent cinquante [1]. La *Revue du Lyonnais* dit que la séance fut vraiment solennelle et que les plus vifs applaudissements saluèrent le jeune professeur [2]. La leçon d'ouverture a été conservée et publiée. Elle permet de se faire une idée assez exacte du très vaste programme qu'Ozanam songeait à remplir [3].

---

[1] Dans une lettre du 15 janvier 1840, à M. Henri Pessonneaux, *Loc. cit.*, p. 329 et suiv., Ozanam dit textuellement : « Une foule immense assistait au discours d'ouverture ; on a brisé portes et vitres, et ton cher cousin Louis, je dois te le dire en passant, est un de ceux qui ont commis le méfait ».

[2] *Revue du Lyonnais*, t. XI, 1839, p. 148 à 171.

[3] *Œuvres complètes d'A.-F. Ozanam*, t. VIII, p. 381. Voir une lettre d'Ozanam à J.-J. Ampère, le 21 février 1840 : « Il fallait ménager l'orgueil municipal et les susceptibilités universitaires, les habitudes pratiques du

Dans les leçons suivantes, on ne retrouva pas « les auditeurs de pure décoration ». Mais beaucoup de jeunes gens, voués au commerce, firent preuve d'une remarquable assiduité, « suivant attentivement, le Code d'une main et le crayon de l'autre, les développements du professeur ». Ozanam, tout en prévoyant que « les rangs, sans doute, s'éclairciraient bientôt », jugeait que l'on n'était pas mécontent, bien qu'une certaine hésitation de parole, dont il ne pouvait pas se défaire, compromît le succès [1].

Le traitement attribué dans le budget municipal au titulaire de la chaire de droit commercial était de deux mille quatre cents francs. Mais le Recteur, qui s'intéressait beaucoup à Ozanam, son futur gendre, trouva cette somme insuffisante. Il demanda qu'Ozanam fût assimilé aux professeurs des Facultés des Lettres et des Sciences, qui recevaient alors quatre mille francs, et, sur son désir, la Chambre de Commerce vota un supplément de quinze ou seize cents francs [2]. Pour compléter l'assimilation, Ozanam fut auto-

---

vieux négoce et les droits de la science, en un mot prendre position vis-à-vis de l'autorité et de l'auditoire ». *Lettres*, I, p. 340; *cf.* Lettre du 15 février 1840, *Loc. cit.*, p. 337.

[1] Lettre du 25 décembre 1839, *Loc. cit.*, p. 325. Le 15 février 1840, Ozanam écrit : « Maintenant que le flot des amateurs et des curieux s'est retiré, il me laisse un auditoire sérieux d'environ cent soixante personnes, qui remplit parfaitement la salle du cours, et encombre assez les couloirs d'entrée pour donner un semblant d'affluence ». Lettre du 21 février 1840, *Loc. cit.*, p. 341 : « J'y compte de cent cinquante à deux cents personnes, et, dans ce nombre, plusieurs notabilités du commerce et de la magistrature. Toujours les mêmes visages et aux mêmes rangs, beaucoup de plumes actives qui recueillent des notes, souvent des observations à l'issue des séances, des questions dans les intervalles, enfin tout ce qui indique une sérieuse assiduité ». — Mais, dès le 21 juin 1840, Ozanam s'afflige d'une désertion assez considérable d'auditeurs, qui s'accentue chaque semaine. « J'ai la modestie de l'attribuer aux chaleurs extrêmes, aux campagnes, aux voyages, etc... »; *Loc cit.*, p. 358. Cette désertion le stimule toutefois à se préparer de plus en plus au concours qui va s'ouvrir pour l'agrégation des Facultés des Lettres.

[2] Lettre du 21 juin 1840, *Loc. cit.*, p. 357.

risé à porter, pendant ses leçons, la robe d'étamine à revers rouges, que l'article 68 du décret du 21 septembre 1804, toujours en vigueur, a imposée aux professeurs des Facultés de Droit [1].

Le cours avait lieu deux fois chaque semaine, le lundi et le vendredi, à trois heures de l'après-midi, dans une salle du Palais des Arts. Les notes qu'Ozanam avait réunies en vue de ses leçons furent communiquées par lui à M. Théophile Foisset [2], qui en garda le meilleur souvenir. « On y retrouve, disait plus tard M. Foisset, Ozanam tout entier, son érudition si sûre, son esprit si largement ouvert et si pénétrant, son cœur si droit et même quelques éclairs de son éloquence ; tout y est, comme le fruit est dans la fleur... Ce ne sont que des notes, mais il y a de courts fragments qui s'en détachent comme des figures terminées avant le reste dans l'esquisse d'un maître ». Après la mort d'Ozanam, ces simples notes ont paru dignes d'être publiées, et elles ont trouvé place dans le tome VIII de ses *Œuvres complètes*.

Le beau zèle, dont Ozanam paraissait animé pour l'enseignement du droit commercial, ne dura pas longtemps. Même avant d'occuper la chaire qu'il avait vivement désirée, il avouait au Père Lacordaire qu'il se sentait « entraîné par une inclination, malheureuse sans doute, mais obstinée, vers les travaux philosophiques et littéraires ». Dès le 26 août 1839, déjà nommé professeur, il écrivait : « C'est le devoir filial qui seul m'a fait solliciter cette position, et, si j'avais le malheur de perdre ma mère, je quitterais volontiers ma chaire de droit [3] ». L'ambition qu'il avait eue

---

[1] Lettre du 15 février 1840, *Loc. cit.*, p. 338.
[2] Voir une lettre d'Ozanam, du 26 janvier 1848, dans le t. II de ses *Lettres* (t. XI des *Œuvres complètes*), p. 199.
[3] *Loc. cit.*, p. 303 et s.

« de consacrer toutes les années qu'il passerait sur la terre à la philosophie et à l'histoire du droit, étudiées au point de vue chrétien », ne trouvait pas une satisfaction suffisante dans l'enseignement du droit commercial, et il se demandait s'il ne pourrait pas entrer dans une Faculté des Lettres.

Au mois d'avril 1840, il se rendit à Paris, muni d'une chaleureuse recommandation du Recteur Soulacroix pour le Ministre de l'Instruction publique. Victor Cousin, qui occupait cette haute fonction depuis le 1er mars, accueillit très bien le jeune professeur. Il le félicita de son succès dans l'enseignement du droit commercial ; il le remercia pour la salutaire influence qu'il exerçait sur la jeunesse lyonnaise. Mais, en même temps, il l'engagea vivement à se présenter à un concours qui allait s'ouvrir pour diverses places d'agrégé près les Facultés des Lettres [1]. On sait quels succès étaient réservés à Ozanam dans la voie nouvelle que Cousin ouvrait devant lui.

Le jury du concours pour l'agrégation des Facultés des Lettres reconnut une supériorité incontestable à trois concurrents, Berger, Émile Egger et Ozanam. Les connaissances classiques de Berger et surtout celles d'Egger étaient peut-être plus étendues que celles d'Ozanam ; mais la parole de celui-ci, « alliant l'originalité à la raison et l'imagination à la gravité, parut éminemment convenir au professorat public », et valut au concurrent lyonnais la première place. Victor Le Clerc, qui avait présidé le jury, proposa au nouvel agrégé d'entrer immédiatement à la Sorbonne pour y suppléer Fauriel. Ozanam accepta et se prépara, sans retard, par un voyage sur les bords du Rhin, à traiter, dès la rentrée suivante, des *Niebelungen* et de la littérature allemande au moyen âge.

[1] Lettre de Victor Cousin au Recteur de l'Académie de Lyon, 27 avril 1840.

Il semble que l'acceptation aurait dû avoir pour conséquence un abandon de l'enseignement du droit commercial à Lyon. Mais, en lisant sa correspondance, on est tenté de croire qu'Ozanam fut retenu, d'abord par le désir de ne pas rompre « avec des habitudes et des affections bien profondes [1] », puis par la perspective de cumuler, dans sa ville natale, « cumuler, le mot ne vous scandalise-t-il déjà point ? » deux chaires [2], la chaire municipale de droit et une chaire de la Faculté des Lettres.

Il ne donna donc pas sa démission ; il sollicita seulement un congé d'un an, pour l'année scolaire 1840-1841, et se fit suppléer pendant ce temps par un de ses confrères du barreau, M. Accarias [3]. Il y eut bien, à l'occasion de cette suppléance, quelques nouvelles difficultés entre la Municipalité, qui prétendait avoir la direction du cours, et le Recteur, qui voulait le maintenir sous la surveillance de l'Université. Pour la désignation du suppléant, le Maire désirait un concours ; le Recteur réclamait pour le titulaire le droit, alors reconnu aux professeurs des Facultés, de choisir lui-même. Le Recteur l'emporta.

Les débuts sur la périlleuse scène de la Sorbonne ayant été très heureux, et, d'ailleurs, quelques malaises ayant démontré que la poitrine et la tête ne toléreraient pas le cumul [4], Ozanam dut faire le sacrifice de sa chaire de Lyon [5].

---

[1] Lettre du 3 octobre 1840, *Loc. cit.*, p. 372.

[2] Lettre du 21 juin 1840, *Loc. cit.*, p. 358.

[3] Sur cet avocat, qui fut secrétaire de Mᵉ Desprez, puis rédacteur au *Salut Public* pour les questions de voirie, ensuite employé du Mont-de-Piété, et « que la malechance poursuivit jusqu'au tombeau », voir *Poésies de Jean Tisseur*, éditées par son frère Clair Tisseur, Lyon, 1885, p. cxvii, 93 et 162.

[4] *Lettres d'Ozanam*, I, p. 358 et 431.

[5] Alors qu'Ozanam sollicitait encore la création d'une chaire municipale de droit à Lyon, l'initiative privée créait un cours libre à Saint-Étienne. Vers la fin de l'année 1838, M. Adolphe Jauffret, docteur en droit,

Par délibération du 30 décembre 1841, le Conseil municipal présenta, pour le remplacer dans la chaire de droit commercial, M. Dattas, docteur en droit, et M. Accarias... Les négociations traînèrent en longueur. Le Recteur de l'Académie et le Préfet du Rhône ne se prononcèrent que le 27 février et le 3 mars 1842. Le 14 mars, sur l'avis du Conseil royal de l'Instruction publique, en date du 11, M. Dattas fut nommé par arrêté de M. Villemain. Son installation eut lieu en présence du Recteur le 21 mars suivant.

M. Pierre Dattas, né à Lyon le 5 novembre 1808, était depuis longtemps déjà docteur en droit. La Faculté de Strasbourg lui avait conféré ce grade le 30 août 1833[1], et il avait été, le 5 décembre suivant, inscrit au tableau des avocats de Lyon.

Le Conseiller d'Aiguy, dans ses notes sur les maîtres de la parole dans notre ville, le qualifiait « chaleureux et disert[2] ». Une parole abondante, facile, parfois même élégante, une

---

ancien professeur suppléant à la Faculté de Droit d'Aix, où il avait été chargé de l'enseignement du droit administratif, ancien secrétaire de la même Faculté, résolut d'ouvrir à Saint-Étienne un cours de droit civil et commercial. L'autorisation ne lui fut accordée que le 16 février 1839; mais, dès le mois de décembre, le *prospectus*, destiné à donner au nouvel enseignement la publicité nécessaire, avait été imprimé, communiqué aux autorités administratives, et distribué. Le cours a été ouvert et professé pendant quelque temps. Le *Journal de Saint-Étienne*, dans un supplément au n° des 27 et 28 avril 1839, en a assez longuement rendu compte. Mais le professeur se plaignait, avec quelque amertume, sinon de la malveillance, au moins de la froideur de la Municipalité. Le nombre des auditeurs n'était pas considérable; les pères de famille appréciaient mal les avantages du nouvel enseignement, si mal que M. Jauffret dut probablement suspendre bientôt ses leçons. M. Jauffret (Adolphe-Louis-Daniel), né à Trets (Bouches-du-Rhône), avait été reçu docteur en droit par la Faculté d'Aix en 1825. Mais il résulte d'une note du Recteur de l'Académie d'Aix, M. de Fougères, qu'il avait appartenu à l'enseignement secondaire comme maître d'études à Grenoble, puis comme régent dans les collèges de Montbrison et de Saint-Étienne.

[1] De Fontaine de Resbecq, *Notice sur le Doctorat en droit*, 1857, p. 42.
[2] Voir Valentin-Smith, *Souvenirs d'un ancien Magistrat*, 1888, p. 9.

connaissance du droit aussi étendue que l'exigeait un cours élémentaire, suffisaient-elles pour retenir les anciens auditeurs d'Ozanam et pour en attirer de nouveaux? Poussés par un zèle excessif, dès 1845, quelques amis de M. Dattas sollicitèrent pour lui, en récompense d'un enseignement qui lui avait concilié la faveur des hommes éclairés, la plus haute des distinctions honorifiques qu'un professeur puisse mériter. Les personnes, dignes de toute confiance, que le Ministre consulta sur la suite à donner à cette demande, répondirent que M. Dattas n'occupait encore qu'un rang secondaire parmi les avocats du barreau de Lyon, que son cours de droit commercial n'était pas « fait avec éclat (!) ni suivi avec un grand empressement ». Le professeur n'avait donc pas de titres reconnus à une distinction exceptionnelle, et, s'il l'avait obtenue, elle aurait été accueillie à Lyon comme une marque inattendue de la faveur du Gouvernement.

Lors de la discussion du budget de la Ville de Lyon pour 1855, quelques membres du Conseil municipal contestèrent l'utilité du cours de droit commercial, et, à la suite de leurs observations, le traitement du professeur fut notablement réduit. Au cours de l'examen du budget de l'exercice 1856, les critiques furent renouvelées. Pour en prévenir le retour, qui paraissait vraisemblable, M. Dattas adressa, le 14 novembre 1856, au Recteur de l'Académie et au Sénateur chargé de l'administration du Rhône, sa démission des fonctions qu'il remplissait depuis plus de quatorze ans[1].

---

[1] M. Dattas est mort pendant les vacances de 1866. Nous n'avons pas pu nous procurer un discours qui aurait été, dit-on, prononcé sur sa tombe par M. Rappet. — M. Rougier, *Aperçu historique sur l'Enseignement du Droit à Lyon*, 1874, p. 25, ajoute aux noms d'Ozanam et de Dattas, comme professeurs de droit commercial au Palais Saint-Pierre, le nom de M. Valois. Il est de notoriété publique que M. le Président Valois a enseigné le droit commercial à Lyon; mais il ne l'a certainement pas fait dans la chaire municipale créée en 1839.

Il n'eut pas de successeur.

D'une note de M. Dattas, que nous avons trouvée dans les archives de l'Académie universitaire, il résulte que l'on pensa très sérieusement à ajouter au cours de droit commercial un cours d'économie industrielle. Une allocation fut même votée par le Conseil municipal en vue de rémunérer le professeur qui serait chargé de ce cours. Mais, bien que le crédit ait figuré pendant plusieurs années au budget des dépenses, nul professeur n'a été désigné pour distribuer cet enseignement.

§ 21.

Le 9 juin 1846, le Grand-Maître de l'Université, M. de Salvandy, accusait réception, au Recteur de l'Académie de Lyon, d'une pétition ayant pour objet la création d'une Faculté de Droit dans la Ville de Lyon. « La Ville de Lyon, disaient les pétitionnaires, possède de belles institutions et elle s'en montre digne. La Faculté de Théologie, celle des Sciences, celle des Lettres sont des richesses dont elle jouit avec bonheur. Mais il existe une grande lacune dans notre enseignement supérieur ; l'une des études les plus suivies, celle qui ouvre une foule de carrières et dont chaque année fait sentir davantage l'indispensable nécessité, l'étude du droit, n'y est pas représentée ». Cette pétition était signée par un grand nombre de personnes notables de Lyon, de Bourg, de Saint-Étienne.

Les pétitionnaires avaient même cherché à obtenir la coopération des représentants du Puy-de-Dôme, et ils avaient fait appel à l'intervention près d'eux du Recteur de l'Académie de Clermont. Mais ce haut fonctionnaire, tout en protestant de sa sympathie pour la Ville de Lyon d'abord, puis

« pour un projet conçu dans un intérêt de progrès moral, d'ordre, de sécurité pour les familles », refusa son concours. « Le Conseil général du Puy-de-Dôme, dit-il, a formulé, à plusieurs reprises, le vœu de la création d'une Faculté de Droit à Riom. Cette ville s'offre à faire, au besoin, toutes les dépenses que nécessiterait un établissement de cette importance, et, d'autre part, cette prétention est appuyée sur des considérations qui ont une certaine valeur. On ne peut donc espérer que l'Administration préfectorale et le Conseil du Puy-de-Dôme se montrent favorables au désir exprimé par la Ville de Lyon. Le rejet de toute proposition transmise dans ce but étant certain, il y a, je le crois, en ce qui me concerne, convenance à m'abstenir[1] ».

Le Recteur de l'Académie de Lyon, M. Soulacroix, n'avait pas pu, comme son collègue de Clermont, refuser d'appuyer une demande « intéressant également les familles, les enfants et l'instruction ». Il était bien obligé de reconnaître que la Faculté de Droit, avec la Faculté de Médecine, qui était aussi réclamée, donnerait à la cité lyonnaise un système de haut enseignement répondant à son importance. Mais il ajoutait : « Il sera bon, au préalable, de commencer par exiger que la Ville ait affecté et approprié à l'usage de la Faculté des Lettres, qu'elle possède déjà, le local qu'elle doit lui fournir. Quand la Faculté des Lettres sera enfin en possession de bâtiments pour ses examens et pour ses cours, Votre Excellence jugera peut-être utile de s'occuper de l'École de Droit réclamée par la pétition[2] ».

Ainsi conseillé par les deux Recteurs les plus intéressés, M. de Salvandy jugea qu'il pouvait répondre d'une manière évasive, sans décourager les pétitionnaires, mais aussi sans

---

[1] Lettre du 24 juin 1846, signée Bedel (?).
[2] Lettre du 23 mai 1846.

leur rien promettre : « J'examinerai, dit-il, cette demande avec intérêt et avec le désir de doter la Ville de Lyon de tous les établissements d'instruction supérieure que réclame cette importante cité [1] ».

Deux jeunes docteurs en droit, avocats l'un et l'autre à la Cour d'appel de Lyon, M. Victor Didier et M. Lucien Brun[2], adressèrent alors au Conseil municipal un mémoire intitulé : *De la Création d'une Faculté de Droit à Lyon*. Sur un rapport très élogieux, fait au Conseil, le 5 août 1847, par M. Menoux, « en témoignage de sympathie pour des vues formulées avec autant de raison que de sagesse », le mémoire de MM. Didier et Brun fut imprimé aux frais de la Ville[3].

Après diverses considérations générales sur l'intérêt que les familles et la cité tout entière auraient à obtenir une Faculté de Droit, M. Didier et M. Lucien Brun insistaient sur deux considérations, que leurs devanciers leur paraissaient avoir trop négligées.

Les villes dotées en 1804 de Facultés de Droit offrent-elles aux jeunes gens les ressources nécessaires pour entretenir parmi eux une salutaire émulation? Les bibliothèques sont vides, les salles de conférences désertes. Il n'y a pas d'exercices pour aiguiser la conception, mûrir le jugement et assouplir la parole; pas de ces joutes oratoires où la

---

[1] Lettre du 9 juin 1846.

[2] M. Henri-Louis-Lucien Brun, né à Gex le 2 juin 1822, était docteur de la Faculté de Paris depuis le 1er juillet 1845. M. Victor Didier était probablement docteur de la Faculté de Grenoble; M. A. de Fontaine de Resbecq, *Notice sur le Doctorat en Droit*, 1857, p. 89, cite, en effet, parmi les docteurs de Grenoble, M. Didier (Hippolyte), de Roanne (Loire), admis le 22 novembre 1845.

[3] *De la Création d'une Faculté de Droit à Lyon*, Lyon, 1847, in-8, 19 pages. On a imprimé à la suite, p. 21 à 30, le *Rapport relatif à l'établissement à Lyon d'une Faculté de Droit, présenté au Conseil municipal de Lyon, dans sa séance du 5 août 1847, par M. Menoux.*

verve s'inspire et qui décident les vocations. Les cours sont, il est vrai, suivis par les étudiants inscrits, mais la raison est facile à trouver. Les auditeurs sont si peu nombreux que le professeur, qui les compte facilement et peut les appeler tous, s'apercevrait de leur absence. On s'habitue à considérer comme un travail suffisant l'assistance aux leçons ; l'unique souci est de montrer au professeur une figure connue et de répondre à l'appel quotidien. Chacun compte, d'ailleurs, sur la faiblesse de tous ; les refus aux examens dépeupleraient la Faculté. Aussi, c'est vers ces petites Facultés que courent les candidats ajournés, parce qu'ils espèrent y trouver un jury plus débonnaire. Le niveau des études va s'abaissant, au détriment même des étudiants qui ne cherchent pas cet abaissement. De chute en chute, il y aura des chaires sans auditeurs et des Facultés sans enseignement. A Lyon, au contraire, dans un grand centre de population et d'activité, on verra une Faculté moins encombrée que la Faculté de Paris, moins déserte que les Facultés des petites villes.

La création d'une Faculté de Droit à Lyon est-elle, d'un autre côté, de nature à nuire aux Facultés voisines, à leur enlever leur clientèle? Sans rien prendre à ces Facultés, en retenant seulement à Lyon les élèves que le département du Rhône et les départements limitrophes envoient à Paris, une Faculté de Droit établie à Lyon compterait, dès la première année, plus de deux cents élèves. Le dépouillement des registres de la Faculté de Droit de Paris apprend, en effet, que les six départements de la région lyonnaise envoient, chaque année, à cette Faculté, une moyenne de 205 élèves, ainsi répartis : Ain, 28 ; Drôme, 25 ; Isère, 20 ; Loire, 30 ; Rhône, 80 ; Saône-et-Loire, 22 ; Total, 205. Comment supposer que les parents éloigneront leurs enfants, lorsque la ville qu'ils habitent, ou avec laquelle ils ont des relations faciles et presque quotidiennes, offrira les mêmes avantages que Paris et la possibilité d'acquérir les grades auxquels ils aspirent? Il y aurait même, en outre des 205, quelques licenciés qui rechercheraient le grade de docteur, lorsque, pour l'obtenir, il ne serait plus nécessaire de prolonger une absence déjà longue et très onéreuse. Deux cents élèves suffisent pour assurer aux professeurs des trois années de licence un excellent auditoire, et l'on n'aura pas dépassé la limite au delà de laquelle « la surveillance et les soins individuels deviennent illusoires ou impossibles ».

Le Conseil municipal décida que des exemplaires du mémoire de MM. Didier et Brun seraient adressés à M. le Ministre de l'Instruction publique et aux Commissions des Chambres qui devaient être saisies d'un projet de loi sur l'enseignement du droit[1].

§ 22.

Le succès obtenu par Frédéric Ozanam et par Pierre Dattas dans leurs cours de droit commercial encouragea la Chambre de Commerce à développer l'enseignement donné sous son patronage[2]. De 1842 à 1847, elle essaya de

---

[1] M. Claudius Brouchoud, *Recherches sur l'Enseignement public du Droit à Lyon*, 1865, p. 6, et M. Rougier, *Aperçu historique sur l'Enseignement du Droit à Lyon*, 1874, p. 24, citent un rapport que M. le Conseiller Grégorj aurait rédigé sur le même sujet, en 1846 ou en 1847, pour l'Académie des Sciences, Belles-Lettres et Arts de Lyon.

[2] M. Clair Tisseur, dans sa préface aux *Poésies de Jean Tisseur*, 1885, p. LII, raconte que, à l'époque où Ozanam faisait des démarches pour obtenir la création d'une chaire de droit commercial, M. Prosper de Lachomette, de Bas-en-Basset, s'efforçait, de son côté, de démontrer l'utilité pour l'industrie lyonnaise d'un cours d'économie politique, et agissait auprès de la Municipalité pour obtenir l'institution de ce cours. Mais « l'économie politique, en ce temps-là, fleurait un peu l'hérésie, et le projet fut renvoyé aux calendes ».

doter la ville de Lyon d'une chaire d'économie politique[1].

Malheureusement, les oppositions furent assez vives. Parmi les adversaires du projet, les uns refusaient de voir dans l'économie politique une science déjà faite et en état d'être exposée. D'autres, et particulièrement tous les champions de la protection, soutenaient que cette prétendue science était dangereuse et inutile, parce qu'elle arrivait à préconiser la liberté des échanges comme une conséquence nécessaire de la liberté du travail. D'autres, enfin, la rendaient responsable de tous les systèmes de réforme sociale qui avaient été agités avec plus ou moins de passion dans les années qui suivirent la Révolution de Juillet.

En dépit de toutes ces objections, la victoire s'annonçait prochaine. Le Conseil général du Rhône donnait son assentiment aux vues de la Chambre de Commerce, et le Conseil municipal de Lyon s'engageait à contribuer pour moitié au traitement du professeur, lorsque survint inopinément la Révolution de 1848, qui détourna l'attention de la Chambre sur des questions en apparence plus urgentes.

Seize années s'écoulèrent, au bout desquelles la paix sociale parut suffisamment établie ; on admettait assez volontiers que les économistes avaient, par leurs écrits, contribué à l'assurer. D'un autre côté, le traité de commerce avec l'Angleterre avait porté un coup terrible aux doctrines protectionnistes, qu'il semblait condamner. La Chambre de Commerce reprit le vœu si longtemps abandonné.

Le 23 juin 1864, sur un rapport très curieux à lire aujourd'hui et dont les événements n'ont pas confirmé les prévi-

---

[1] M. Pariset, *La Chambre de Commerce de Lyon*, 2ᵉ partie, 1889, p. 38, rappelle les vœux émis, à diverses époques, par la Chambre, « pour qu'une École de Droit soit établie à Lyon » ; pour que l'on enseigne, dans une École spéciale de Commerce, « la législation douanière et la législation commerciale ».

sions optimistes, rapport dont l'auteur était le président même de la Chambre, M. Brosset aîné, la Chambre demanda à l'Administration supérieure, sinon qu'une chaire d'économie politique fût créée à Lyon aux frais de la Chambre, au moins que des leçons d'économie politique fussent faites à Lyon pendant l'hiver de l'année scolaire 1864-1865.

Chose notable ! Le professeur, que la Chambre, sur la présentation de M. Brosset, chargea de l'enseignement nouveau, était un ancien partisan des utopies socialistes, un vrai phalanstérien, plusieurs fois incarcéré en 1848 pour les doctrines qu'il exposait dans les clubs de Paris. Claude-Marie-Henri Dameth, né à Paray-le-Monial le 26 septembre 1812, avait même, depuis 1850, quitté la France, et, après avoir vécu quelques années à Nice et à Turin, il était devenu professeur d'économie politique à l'Académie de Genève. L'exil, l'expérience de la vie, de très sérieuses études avaient successivement tempéré et modifié ses premières opinions ; car, dans le programme manuscrit, qu'il adressa à la Chambre de Commerce, du cours qu'il voulait professer et qui devait être une Introduction générale à l'étude de l'économie politique, il affirmait que « ses doctrines seraient celles de l'école anglo-française, dont les principaux représentants sont Adam Smith, Jean-Baptiste Say, Rossi, Charles Dunoyer, Frédéric Bastiat, John-Stuart Mill, Baudrillart, etc. ». Si succinct que fût son programme, il trouvait pourtant le moyen de déclarer nettement que le socialisme était, à ses yeux, une utopie.

Le 10 octobre 1864, M. Duruy, alors Ministre de l'Instruction publique, après avoir pris l'avis de son collègue le Ministre de l'Agriculture, du Commerce et des Travaux publics, autorisa, provisoirement, M. Dameth à faire, à Lyon, sous le patronage de la Chambre de Commerce, un cours libre d'Économie politique. L'autorisation n'était que provisoire, parce que le Ministre, pour couvrir sa responsabilité, tenait à soumettre l'affaire au Conseil impérial de l'Instruction publique.

La première leçon eut lieu, le samedi 19 novembre 1864, devant un public dans lequel toutes les classes de la société lyonnaise étaient représentées[1]. Un rapport officiel constate qu'il y eut de sept à huit cents auditeurs et que deux ou trois cents personnes ne purent trouver de place, si bien que la Chambre de Commerce dut faire choix d'un autre local, qui fut la nouvelle salle de la Bourse dans le Palais de l'Industrie[2]. Le même rapport ajoute que le cours a été inspiré par un très bon esprit, que le professeur a traité son sujet avec une grande prudence, que l'auditoire a été silencieux et s'est borné à saluer M. Dameth, à son départ, par d'unanimes applaudissements.

En face de tels témoignages, le Conseil impérial de l'Instruction publique, dans sa session de novembre 1864, n'hésita pas à permettre à la Chambre de Commerce de Lyon d'élever, avec ses propres ressources, dans cette grande cité industrielle, l'enseignement de l'économie politique[3]. L'autorisation provisoire, donnée à M. Dameth le 10 octobre 1864, devint définitive, pour l'année scolaire 1864-1865, par décision ministérielle du 3 décembre 1864[4].

Le cours eut lieu régulièrement ; des conférences complémentaires du cours furent même demandées au professeur[5].

---

[1] *Bulletin administratif du Ministère de l'Instruction publique*, 1865, 1, p. 28.

[2] *Loc. cit.*, 1865, 1, p. 102 et 462.

[3] *Loc. cit.*, 1864, 2, p. 558.

[4] *Loc. cit.*, 1865, 1, p. 331.

[5] La Chambre de Commerce, dans son compte rendu de 1882, rappelle qu'elle a dépensé, de 1865 à 1873, près de vingt-six mille francs pour l'enseignement de l'économie politique. Voir Pariset, *La Chambre de Commerce de Lyon*, 2ᵉ partie, p. 36.

§ 23.

Au mois de janvier 1866, presque tous les journaux de Paris et de la province publièrent un entrefilet que l'on peut résumer ainsi : « Il a été récemment question de créer plusieurs Universités en province. Ce projet va recevoir un commencement d'exécution, et une Faculté de Droit sera ouverte, cette année même, à Lyon, après les vacances ».

Très grande fut l'émotion dans une ville voisine, pour laquelle la nouvelle était particulièrement menaçante! Le Conseil municipal de Grenoble fut convoqué d'urgence pour le 10 février, et une seule question fut inscrite à l'ordre du jour de la séance : « Protestation contre la création d'une Faculté de Droit à Lyon ». La protestation fut adoptée à l'unanimité.

Les journaux grenoblois, à dater de ce jour, consacrèrent tous leurs efforts à démontrer que l'institution d'une nouvelle Faculté de Droit ne répondait à aucun besoin intellectuel. Le nombre des établissements d'enseignement supérieur est, disaient-ils, plus que suffisant en France ; il ne faut pas l'accroître encore, et, puisque cet accroissement est inutile, il convient de laisser, sans les troubler dans leur existence, les Écoles de Droit dans les villes où elles siègent depuis de longues années. Pourquoi affaiblir, sans nécessité, des institutions florissantes? Pourquoi, spécialement, dépouiller, sans motifs graves, une ville qui, depuis 1804, possède une Faculté de Droit, au profit d'une autre ville qui jouit déjà, à tant de points de vue, de faveurs exceptionnelles ?

Le maréchal Randon, qui était originaire de Grenoble et qui témoigna toujours beaucoup de sollicitude pour les intérêts de sa ville natale, fut l'interprète chaleureux des doléances des Grenoblois. Le succès couronna son intervention ; car il ne tarda pas à informer, presque officiellement, ses concitoyens qu'ils pouvaient se rassurer.

La joie publique fut aussi grande que l'avait été la crainte d'un échec, et la reconnaissance se manifesta aussitôt par deux résolutions, vraiment spontanées, dont les événements ultérieurs n'ont pas complètement effacé le souvenir. Une porte, récemment ouverte dans le mur d'enceinte de Grenoble, pour établir une communication entre le Jardin de Ville et la gare, reçut le nom du maréchal Randon, et le même nom fut attribué à un vaste parc qui venait d'être créé, à l'entrée du polygone, entre le Drac et l'usine à gaz. Le parc a disparu, la porte a été démolie ; mais un des quais de la rive gauche de l'Isère, le vieux quai Créqui, qui était à peu de distance de la porte, a été débaptisé, et a reçu le nom du défenseur de la Faculté de Droit de Grenoble.

§ 24.

Lyon n'obtenant pas de Faculté de Droit, quelques Lyonnais se demandèrent s'il ne convenait pas de faire pour l'enseignement supérieur ce qui avait été fait autrefois pour l'enseignement secondaire, et d'ouvrir, sans attendre que le législateur eût proclamé la liberté du troisième ordre d'enseignement, une École libre de Droit, assez bien organisée pour dispenser les jeunes gens de suivre les cours des Facultés voisines.

L'idée ayant été favorablement accueillie, non seulement par les familles, mais encore par le Recteur de l'Académie, qui était alors M. de la Saussaye, et par M. le Préfet du Rhône, M. Henri Chevreau, M. C. Fleury, professeur à l'École La Martinière, directeur d'une École libre de Commerce, sollicita, en 1867, avec l'appui des autorités locales, l'autorisation d'ouvrir à Lyon une École préparatoire de Droit.

Les cours eurent-ils lieu pendant l'année scolaire 1867-1868[1] ? Il est permis de le croire, puisque le programme des cours pour 1868-1869 porte en tête : 2ᵉ année. Cependant l'autorisation ne fut accordée que par arrêté ministériel du 20 juillet 1868, et elle avait été accompagnée de restrictions dont l'une au moins des Facultés intéressées n'a jamais eu connaissance.

M. Duruy, avant de prendre l'arrêté du 20 juillet 1868, avait, en effet, cru nécessaire d'indiquer d'une manière précise le caractère de l'autorisation qui pouvait être donnée à M. Fleury et les limites dans lesquelles ce professeur pourrait en user. Voici ce qu'on lit dans une lettre du 15 juin 1868, qui fut notifiée à M. Fleury :

« D'après la législation actuelle, il ne peut exister d'autres *Écoles préparatoires* d'enseignement supérieur que les Facultés et Écoles supérieures de l'État, ayant légalement mission, les unes et les autres, de *préparer* aux grades universitaires et de les conférer. En dehors de ces établissements, il n'y a, en fait de cours d'enseignement supérieur, que les conférences publiques qui font l'objet des circulaires des 6 avril 1864 et 23 janvier 1865. C'est dans cette dernière catégorie que devront être rangés les cours dont il s'agit, et la demande ne peut être considérée que comme ayant en vue l'ouverture de cours littéraires libres. Or, aux termes desdites circulaires, les autorisations ne sont valables que pour un an. Les conférences projetées auront donc un caractère essentiellement provisoire et ne pourront être reprises,

---

[1] Dans une lettre du mois de juin 1868, M. Fleury exprime le désir de voir régulariser sa position au sujet des cours libres de droit qu'il a ouverts à Lyon.

à l'expiration de l'année, qu'en vertu d'une nouvelle décision. D'un autre côté, l'autorisation ne comportera ni approbation, ni garantie ; elle sera accordée aux risques et périls des maîtres comme des élèves. Il sera donc nécessaire de faire disparaître la dénomination d'École préparatoire de Droit, qui ne convient qu'à un établissement permanent et soumis, quant aux études et au régime intérieur, à un règlement particulier.

« Il y aura lieu de signaler aussi à M. Fleury un autre passage de son prospectus, où il est dit que « désormais les « élèves pourront se préparer à Lyon, et ne seront obligés de « quitter cette ville que pour aller prendre leurs inscriptions « et subir leurs examens dans les Facultés de Droit ». Cette phrase semble attribuer à des cours libres et facultatifs la même valeur qu'à l'enseignement officiel des Facultés. Or, l'assiduité aux cours des Facultés est obligatoire pour tout élève inscrit ; elle est la condition nécessaire de la concession des inscriptions, comme de l'obtention des grades, et les infractions à cette règle fondamentale sont fréquemment punies de la perte d'une ou de plusieurs inscriptions. Vous devrez donc exiger également la suppression d'une disposition de nature à induire en erreur les étudiants et leurs familles.

« Enfin, M. Fleury devra être prévenu des conséquences qui pourront résulter de l'autorisation qu'il désire obtenir. Si des réclamations se produisent de la part des Facultés, intéressées au maintien d'une règle sur laquelle repose l'organisation de leur enseignement, si des mesures sont proposées à l'égard d'étudiants qui auraient déserté leurs cours pour les conférences libres et dont la scolarité serait ainsi devenue irrégulière, l'autorité pourrait être amenée à retirer l'autorisation ».

M. Fleury ayant déclaré accepter les réserves et conditions formulées par M. Duruy, l'autorisation lui fut accordée le 20 juillet 1868.

Les droits des Facultés voisines étaient complètement sauvegardés, et, si les réserves ministérielles avaient été observées, elles n'auraient pas eu le droit de se plaindre. Mais aussi le but poursuivi par M. Fleury, au nom des familles lyonnaises : « permettre aux parents de ne pas se séparer de leurs enfants et de surveiller eux-mêmes leurs études[1] », n'eût pas été atteint.

Dès le 26 juillet 1868, M. Fleury lança une circulaire invitant les élèves des cours libres à préparer toutes les pièces qui leur seraient nécessaires pour prendre des inscriptions dans les Facultés voisines... Ces inscriptions furent prises, nous en avons la preuve certaine, par correspondance, c'est-à-dire sans déplacement des élèves ! Le Directeur se borna, avec l'approbation des autorités universitaires, à envoyer au secrétaire d'une Faculté les noms des jeunes gens à inscrire sur le registre officiel, et le secrétaire remplit lui-même la formule de l'inscription.

Il y a plus : le Conseil académique de Lyon, dans sa séance du 26 novembre 1868, adressa au Ministre l'expression de sa reconnaissance « pour l'établissement des cours libres de droit, qui permettent d'attendre la Faculté dont on désire la création ».

M. Duruy n'accepta pas ces remerciements. « Je regrette, écrivit-il le 16 janvier 1869, que le Conseil académique ait donné à l'autorisation dont il s'agit une aussi grande portée.

---

[1] Un Lyonnais du xvie siècle, Claude Bellièvre, écrivait déjà dans son *Lugdunum priscum*, édition de 1846, p. 32 et s. : « Bon seroit havoir à Lion aliquot bonos et doctos præceptores ad instituendos juvenes; car il ne vient guyères à bien que nos enfants aillent à Paris. Primo, nullibi possunt filii nostri jucundius morari quam in patria; secundo, quia non possunt honestius contineri quam sub oculis parentum; tertio, quia nec minore sumptu quam domi vivere possunt ».

Je n'ai pas eu, en effet, et je ne pouvais avoir l'intention de créer, par simple arrêté, une sorte d'École de Droit, placée dans des conditions analogues à celles des Écoles préparatoires de Médecine. Loin de là, vous avez été chargé de prévenir M. Fleury que je ne pouvais dispenser ses auditeurs de l'assiduité aux cours des Facultés, et, d'autre part, l'autorisation accordée à MM. Andrieux et autres ne s'appliquait qu'à des cours faits en vue des clercs de notaire, qui, sans être obligés à prendre des grades universitaires, sont tenus cependant d'acquérir des connaissances juridiques. Je vous prie, en conséquence, de vouloir bien informer les personnes chargées des cours libres de droit que ma ferme intention est d'exiger la stricte exécution des prescriptions de l'article 27 du décret du 21 septembre 1804 sur les inscriptions, et de ma circulaire du 20 décembre 1864, qui rappelle l'obligation de l'assiduité et détermine les conditions sous lesquelles des dispenses peuvent être accordées ».

Cette lettre fut notifiée, non pas à son vrai destinataire, M. Fleury, mais bien à notre confrère et collègue M. Paul Rougier, qualifié « Président de l'Association pour les Cours libres de Droit ». Une modification notable venait, en effet, d'être apportée à l'organisation primitive.

M. Fleury, qui avait pris l'initiative de la création de l'École préparatoire, n'était pas jurisconsulte et il lui eût été impossible de préparer lui-même aux examens les étudiants de cette École. Il s'était préalablement assuré le concours d'un jeune membre du barreau, déjà mis en relief par une active collaboration à des feuilles libérales et par quelques retentissantes plaidoiries dans des affaires politiques. M. Louis Andrieux était bien réellement, sous le nom de M. Fleury, le fondateur de l'enseignement libre du droit. Mais pouvait-il, comme autrefois Jolyclerc, porter à lui seul le lourd fardeau, qui, dans les Facultés, était partagé entre huit professeurs? Il reconnut bientôt que la tâche excédait de beaucoup ses forces et il se mit à la recherche de jeunes confrères disposés à lui venir en aide. Les bonnes volontés ne lui firent pas défaut; six ou sept avocats répondirent à son appel. Mais alors se posa une autre question. Était-il bien nécessaire de laisser l'œuvre sous la direction d'un simple professeur de comptabilité? Ne valait-il pas mieux former une association, un collège d'avocats, se distribuant l'enseignement suivant leurs aptitudes, sous la direction d'un confrère, qui, par son âge, par ses relations de famille, par son autorité à la barre des tribunaux, par la dignité de sa vie, par le mérite de ses œuvres, inspirerait toute confiance aux familles?

M. Paul Rougier était naturellement désigné, par tous ces titres, au choix de ses jeunes confrères, et ils lui donnèrent la présidence de leur Association.

L'émotion causée par la lettre du 16 janvier 1869 fut très vive, non seulement à l'intérieur de l'École, mais encore à l'extérieur. Tous les pères de famille, dont les fils résidaient à Lyon, quoiqu'ils fussent inscrits dans d'autres villes, demandèrent au Ministre d'atténuer sa décision. Le 23 mars 1869, M. Duruy leur donna une satisfaction provisoire.

« Désirant éviter aux familles, dont les fils suivent les cours libres de droit établis à Lyon par une Société d'avocats, sous les auspices de plusieurs magistrats, les inconvénients d'un brusque changement apporté aux dispositions prises, j'ai décidé que, à titre de simple tolérance, l'exécution des mesures prescrites dans ma dépêche du 16 janvier dernier pourra être suspendue jusqu'à la fin de la présente année scolaire ».

Le 26 août 1869, le successeur de M. Duruy, M. Bourbeau, doyen de la Faculté de Droit de Poitiers et défenseur naturel de l'observation des règlements en vigueur dans les

Facultés de Droit, autorisa l'ouverture de cours libres à Lyon pour l'année scolaire 1869-1870 ; mais il rappela, en termes précis, que la tolérance accordée par la dépêche du 25 mars devait cesser au mois de novembre, son intention étant que les mesures prescrites le 16 janvier 1869 fussent appliquées à l'avenir... Les Facultés de Grenoble et de Dijon reçurent, le 31 août 1869, des instructions dans le même sens.

Le Doyen de la Faculté de Grenoble, se conformant à l'injonction ministérielle, refusa aux élèves des cours libres de Lyon les dispenses d'assiduité dont ils avaient joui l'année précédente. Moins rigoureux, le Doyen de la Faculté de Droit de Dijon se borna à imposer aux étudiants lyonnais l'obligation de prendre personnellement leurs inscriptions et d'élire un domicile à Dijon. Il ne les astreignit pas à suivre les cours, et ces jeunes gens purent continuer à résider à Lyon. La conséquence est aisée à deviner. A Grenoble, le nombre moyen des inscriptions, qui avait été en 1868-1869 de 221, descendit en 1869-1870 à 175 : diminution 46, tandis que, à Dijon, le nombre des élèves s'éleva de 229 en 1868-1869, à 255 en 1869-1870.

Ce phénomène fixa l'attention de l'Administration supérieure, et, au mois de juillet 1870, le Ministre de l'Instruction publique, M. Mège, fit une enquête pour savoir si plusieurs fils de fonctionnaires lyonnais, inscrits sur les registres de la Faculté de Dijon, en particulier des fils de professeurs du haut enseignement, ne résidaient pas à Lyon et ne se contentaient pas d'y suivre les cours libres de droit.

La réponse était facile à prévoir. Comme le dit fort justement l'un des pères de famille interrogés, notre ancien confrère, M. Dareste, alors doyen de la Faculté des Lettres de Lyon : « L'autorisation accordée aux cours libres de

Lyon suppose nécessairement que les jeunes gens de Lyon, étudiant le droit, pourront les suivre ; car, autrement, ils ne serviraient absolument à rien. Le cours de droit commercial serait le seul qui pût avoir quelques élèves ; encore faudrait-il qu'il eût lieu sous une autre forme... Les cours libres de Lyon doivent être tolérés ou fermés. Il serait irrationnel de les fermer au moment où l'on prépare une loi sur la liberté de l'enseignement supérieur. Si on les tolère, ou, pour parler plus juste, si on les autorise, il serait plus irrationnel encore de les frapper par des voies détournées, qui détruiraient évidemment l'effet de l'autorisation. Il faut donc, dans ce cas, leur laisser pleine latitude, en n'imposant aux élèves d'autre obligation que celle de payer les droits universitaires et de passer leurs examens devant une Faculté ».

L'année terrible fit disparaitre les plus grosses difficultés. La Bourgogne devait être envahie par les armées allemandes. Le Commissaire extraordinaire de la République à Lyon, M. Challemel-Lacour, dispensa les jeunes Lyonnais de l'obligation, non seulement de s'établir à Dijon, mais encore d'aller y prendre leurs inscriptions. Par arrêté du 26 octobre 1870, il les autorisa à s'inscrire au Secrétariat de leurs cours, sauf au secrétaire à régulariser comme il l'entendrait leur situation dans la Faculté de Dijon. Le Doyen de Grenoble, M. Couraud, fut chargé de préparer la création d'une Faculté de Droit à Bordeaux, et son successeur à Grenoble, M. Frédéric Périer, se montra très favorable aux dispenses d'assiduité, plus favorable encore que le Doyen de Dijon. Un *modus vivendi*, contraire aux réglements, mais encouragé par les autorités universitaires, administratives et judiciaires, s'établit entre l'École libre de Lyon, d'une part, et, d'autre part, les Facultés de Dijon et de Grenoble : inscriptions par correspondance, dispenses absolues d'assiduité, etc.[1]... Cela dura, sans nouvel incident, jusqu'en 1875[2].

En 1873, le bruit courut de nouveau, dans la région lyonnaise, qu'une Faculté de Droit allait être créée à Lyon ; mais l'émotion ne fut pas de longue durée. Nous avons eu entre les mains une lettre du 19 juillet 1873, par laquelle notre collègue, M. Batbie, qui était alors Ministre de l'Instruction publique, rassurait les autorités grenobloises. La ville de Grenoble ne devait pas, disait-il, s'inquiéter de rumeurs sans fondement, et il encourageait la Municipalité à persévérer dans l'intention par elle manifestée d'édifier un Palais pour ses établissements d'enseignement supérieur.

§ 25.

Le vote de la loi du 12 juillet 1875 allait bientôt résoudre la question depuis si longtemps posée.

Dès le lendemain du vote de cette loi, la création d'une Faculté libre de Droit à Lyon fut annoncée, et la nouvelle était si vraisemblable que, sans attendre de plus amples informations, le Ministre de l'Instruction publique, M. Wallon, résolut de compléter immédiatement le groupe universitaire lyonnais. La loi du 8 décembre 1874 venait d'ajouter aux trois Facultés de Théologie, des Sciences et des Lettres, une Faculté de Médecine. Il ne restait plus à établir qu'une

---

[1] M. Vallet, *l'Ancienne Faculté de Droit de Lyon*, 1900, p. 58, assure que la Faculté de Dijon, « qui, à tort ou à raison, jouissait d'une certaine réputation de rigueur, n'était choisie que par les laborieux ; les autres escomptaient la proverbiale indulgence des juges de Grenoble ».

[2] Sur *l'Enseignement libre du Droit au Palais de Justice à Lyon*, nous renvoyons à trois *Rapports* ou *Comptes rendus*, publiés par M. Paul Rougier, Président des Cours de Droit, en 1872, en 1873 et en 1874, et à M. Vallet, *l'Ancienne Faculté*, p. 15 à 20, et *passim*.

Faculté de Droit. La création de cette Faculté, par simple décret, à l'exemple de ce qui avait eu lieu en 1864 pour Nancy et en 1865 pour Douai, fut décidée en principe...

Informés de cette résolution, les Administrateurs du département de l'Isère et ceux de la ville de Grenoble (ces derniers choisis en dehors du Conseil municipal) se demandèrent s'il ne convenait pas de renouveler les anciennes protestations. Mais le temps avait si bien modifié les situations que leur voix resta, cette fois, sans écho. Le Conseil municipal de Grenoble fut unanime pour voter la résolution suivante :

« Considérant qu'il ne s'agit plus, comme en 1866 et en 1873, de défendre contre des compétitions rivales les prérogatives de notre cité ;

« Considérant qu'une ville, comme un particulier, doit, à l'occasion, savoir subordonner son intérêt privé à l'intérêt supérieur de la nation ;

« Par ces motifs :

« Le Conseil municipal de Grenoble, tout en le regrettant, croit devoir s'abstenir de toute protestation et passe à l'ordre du jour ».

Pour rassurer ses collègues sur les conséquences de leur vote, le rapporteur leur avait fait remarquer que le préjudice pour la ville de Grenoble ne serait pas aussi grave qu'on aurait pu le craindre à première vue. « Il y a, disait-il, environ cent-vingt étudiants qui ne résident pas à Grenoble, qui viennent seulement prendre leurs inscriptions et passer leurs examens ».

Le 24 septembre 1875, M. le Dr Gailleton, qui était alors président du Conseil municipal de Lyon, informa le Conseil qu'une proposition venait de lui être soumise par l'Administration préfectorale, relativement à la création, à Lyon, d'une

Faculté de Droit de l'État[1]. « Cette question, dit-il, a été l'objet de pourparlers officieux entre le Recteur de l'Académie et lui; la solution doit être donnée avec une grande célérité, parce que l'Administration supérieure tient essentiellement à ce que la Faculté soit ouverte à la rentrée scolaire. Il n'y a donc pas de temps à perdre, et, pour procéder le plus rapidement possible, il faut nommer une Commission spéciale, qui présentera son rapport à la prochaine réunion ». La proposition ayant été appuyée, le Conseil désigna, par acclamation, pour faire partie de la Commission, MM. Édouard Aynard, Chavanne, Dorel, Gailleton, Vacheron et Volatier[2].

Dès le 1er octobre, M. Gailleton, rapporteur de la Commission, proposa au Conseil d'émettre le vœu qu'une Faculté de Droit d'État fût établie à Lyon. Cette proposition fut votée à l'unanimité.

Le Conseil s'occupa ensuite de l'installation et de l'aménagement de la Faculté projetée.

Deux locaux avaient été proposés par le service de l'architecture et agréés par le Recteur. Le premier, situé quai des Célestins, à l'angle de la rue du même nom, comprenait un rez-de-chaussée et un entresol d'une superficie totale de 400 mètres. Précédemment occupé par le Grand Café de Lyon, ce local avait deux graves inconvénients. Les pièces avaient trois mètres seulement de hauteur et le prix de location était de 10.500 francs. Le second était sur la rive gauche du Rhône, à l'angle du quai de la Guillotière et de la rue Dunoir, dans une maison en construction. Sa superficie totale était de 550 mètres (225 mètres par étage); la hauteur était de 4^m05 au rez-de-chaussée, de 3^m25 à l'entre-

---

[1] Le Rapport du Préfet, daté du 22 septembre, est inséré dans le procès-verbal de la séance du 1er octobre, p. 27 et suiv.

[2] Conseil municipal de Lyon, séance du 24 septembre 1875, p. 574.

sol; le loyer était fixé à 8000 francs. C'était ce dernier local qui avait les préférences de la Commission.

Liberté fut laissée à l'Administration d'agir comme elle le jugerait convenable, « le Conseil entendant pourvoir ultérieurement à l'installation définitive de la Faculté, soit dans les bâtiments communaux, soit dans un édifice approprié à cet effet et en rapport avec la haute importance de l'enseignement du Droit[1] ». En vue seulement d'une installation provisoire, deux crédits, l'un de 12.000 francs pour les frais de location, l'autre de 10.000 francs pour les travaux d'aménagement et pour l'achat de la bibliothèque, furent votés par le Conseil.

Le 11 octobre, le Conseil fut avisé par le Préfet, M. Ducros, que le prix de la location pouvait être économisé! Il suffisait pour cela d'affecter à la Faculté de Droit une partie du vieux bâtiment municipal, connu sous le nom de Petit Collège. « On donnerait ainsi un peu de vie au quartier Saint-Jean, et le Conseil serait inévitablement appelé à ouvrir, dans un temps prochain, une large voie de communication permettant aux voitures l'accès du Petit Collège[2]... ».

Le 15 octobre, l'installation de la Faculté de Droit dans le Petit Collège fut votée. Des plans et devis, entraînant une dépense de 20.000 francs furent adoptés, puis le Conseil invita l'Administration à prendre toutes les dispositions nécessaires pour que la Faculté de Droit pût être installée le 1er novembre[3].

Quinze jours, c'était bien peu. Mais le Ministre avait annoncé au Préfet du Rhône qu'il réunirait le Conseil de

---

[1] Séance du 1er octobre 1875, p. 27 à 38.
[2] Séance du 11 octobre 1875, p. 76 à 78.
[3] Séance du 15 octobre 1875, p. 86 à 89.

l'Instruction publique le 25, qu'il ferait signer le décret de création le 26, et qu'il nommerait, dès le lendemain, les professeurs, dont la liste était déjà prête[1]...

Muni des délibérations du Conseil municipal, M. Wallon convoqua, ainsi qu'il l'avait promis, le Conseil supérieur pour le 25 octobre. Mais le projet de décret ne fut pas aussi rapidement voté que l'espérait son auteur. Plusieurs des membres du Conseil se montrèrent nettement hostiles à la création d'une Faculté de Droit à Lyon, les uns, parce qu'ils subissaient toujours l'influence des considérations qui, à des époques antérieures, avaient paru déterminantes; les autres, parce que la Faculté qu'il s'agissait de créer devait nuire à une Faculté libre, dont l'ouverture était déjà annoncée... Le projet fut vivement attaqué par des membres du Conseil d'État, en particulier par M. de Montesquiou, et par deux des représentants de l'épiscopat, Mgr Dupanloup et Mgr Freppel.

Le rapporteur, M. Charles Giraud, ancien ministre de l'Instruction publique, inspecteur général des Facultés de Droit, réfuta les objections, avec sa courtoisie habituelle, mais, en même temps, avec une fermeté et une éloquence qui impressionnèrent vivement ses auditeurs. Un des témoins de la discussion nous assurait, le jour même, que cette lutte oratoire lui avait rappelé les plus mémorables séances du Conseil de l'Université.

La majorité du Conseil se prononça, le 28 octobre, en faveur de la création.

Les décrets et arrêtés instituant la Faculté, nommant le doyen, les professeurs, les agrégés et les chargés de cours, étaient, comme le Ministre l'avait dit au Préfet, rédigés d'avance. M. Wallon les présenta dès le lendemain,

[1] Séance du 11 octobre 1875, p. 77.

29 octobre, à la signature du Président de la République et les fit insérer au *Journal Officiel* du 30. Le Doyen, qui, depuis plusieurs jours, avait été invité à se tenir constammant à la disposition du Ministre, quitta Paris le jour même, arriva à Lyon le 31, au matin, et fut aussitôt installé par le Recteur dans ses nouvelles fonctions.

Quinze jours plus tard, le 15 novembre 1875, tous les professeurs étaient réunis dans une des salles du Petit Collège. En présence de M. Welche, Conseiller d'État, Préfet du Rhône, Administrateur de la Ville de Lyon ; de M. le Dr Chavanne, Président du Conseil municipal ; de M. Victor Duquaire, Maire du cinquième arrondissement ; des Doyens des Facultés de Théologie, des Sciences et des Lettres, et du Directeur de l'École préparatoire de Médecine et de Pharmacie ; devant les quelques étudiants déjà inscrits, auxquels s'étaient joints des membres de l'enseignement supérieur, des magistrats et des avocats, le Recteur demanda à chacun des professeurs de la Faculté la promesse solennelle de remplir avec zèle tous ses devoirs professionnels.

La prestation de serment terminée, le Doyen monta en chaire et commença son Cours de Droit civil. C'était la prise de possession, l'installation en fait.

L'inauguration proprement dite de la Faculté de Droit de Lyon n'eut lieu toutefois que le 26 novembre 1875. Ce fut seulement à cette date que, dans la grande salle de la Bibliothèque de la Ville, en présence de tout le Corps universitaire lyonnais et des principales autorités de tous ordres, le délégué spécial du Ministre, M. Charles Giraud, membre de l'Institut et du Conseil supérieur de l'Instruction publique, inspecteur général des Facultés de Droit, déclara définitivement installée la nouvelle Faculté.

L'histoire de la Faculté de Droit de Lyon, pendant les

vingt-cinq ans écoulés de 1875 à 1900, est racontée, année par année, dans les vingt-cinq rapports que le Doyen a successivement présentés au Conseil académique et au Conseil de l'Université. Nous n'avons pas à résumer ici ces longues annales, nos recherches sur l'Enseignement du Droit à Lyon devant, d'après leur titre même, s'arrêter à 1875.

TABLE

Introduction	5
§ 1. — Époque romaine	8
§ 2. — Les Burgondes. — La *Consultatio*	10
§ 3. — Époque carolingienne. — Florus. — Les Manuscrits du ixe au xie siècle	12
§ 4. — xiiie siècle. — Le *Studium* de la Curie romaine . . .	15
§ 5. — La seconde moitié du xiiie. siècle. — Geoffroi de Mailliat. — Jean de Blanot. — Henri de Sartines	18
§ 6. — Le *Studium* de la fin du xiiie siècle. — Nicolas de Billens. — Antoine du Chatel. — Humbert de Vaux. — Anselme de Durchy. — Raoul de Varey. — Barthélemy de la Rivière. — Les Contestations entre l'Église et les Citoyens.	24
§ 7. — Les Professeurs du xive siècle. — Guy Cailly. — Hugues Lyatard. — Chabert Hugon. — Guichard Galien. — Gérard du Curtil	30
§ 8. — Les Professeurs de Droit, au xive siècle, dans le Beaujolais et le Forez	33
§ 9. — La Décadence du *Studium* à la fin du xive siècle. — Pierre Burle	36
§ 10. — Les Écoles du Cloître de Saint-Jean.	39
§ 11. — xve siècle. — Les démarches du Consulat pour le rétablissement du *Studium*. — Jean des Degrès et Jacques d'Amoncour	40
§ 12. — xvie siècle. — Étienne Le Maistre. — Philippe Decius. — Émile Ferret. — Govéa. — Cujas. — Roaldès .	47

§ 13. — xviie et xviiie siècles. — La Chaire de Droit. — Les Dantoine. — Félix Faure. — Rouveyre de Lestang. — Pierre Perrichon. — Jolyclerc. — Rieussec. . . . 53
§ 14. — xviiie siècle. — Les vœux de la Sénéchaussée de Lyon en 1762. 62
§ 15. — xviiie siècle. — Les Cahiers des États du Lyonnais en 1789. 63
§ 16. — L'Institut des Sciences et des Arts utiles. — Frossard. 64
§ 17. — L'École centrale du Rhône. — Delandine. — Le premier Empire. 66
§ 18. — La Restauration 68
§ 19. — Le Gouvernement de Juillet 70
§ 20. — La Chaire de Droit commercial. — Frédéric Ozanam. — Accarias. — Pierre Dattas. — Un Cours de Droit à Saint-Étienne 72
§ 21. — Une pétition des Lyonnais à M. de Salvandy. — MM. Didier et Lucien Brun 83
§ 22. — Le Cours d'Économie politique. — M. Dameth . . . 87
§ 23. — Projet de création d'une Faculté de Droit en 1866 . . 91
§ 24. — Les Cours libres du Palais de Justice de 1868 à 1875 . 92
§ 25. — La Loi du 10 juillet 1875 et le Décret du 29 octobre 1875. 100

Lyon. — Imprimerie A. REY, 4, rue Gentil. — 25226

www.ingramcontent.com/pod-product-compliance
Lightning Source LLC
Chambersburg PA
CBHW070250100426
42743CB00011B/2211